好书精读
Master 15'

商业新闻出版公司和轻松读文化事业有限公司提供内容支持

别让趋势从你身边溜走

轻松读大师项目部 编

中国盲文出版社

图书在版编目（CIP）数据

别让趋势从你身边溜走：大字版／轻松读大师项目部编.
—北京：中国盲文出版社，2017.6
ISBN 978－7－5002－7941－9

Ⅰ.①别…　Ⅱ.①轻…　Ⅲ①经济发展趋势—通俗读物
Ⅳ.①F061.3－49

中国版本图书馆 CIP 数据核字（2017）第 131813 号

本书由轻松读文化事业有限公司授权出版

别让趋势从你身边溜走

编　　者：轻松读大师项目部
出版发行：中国盲文出版社
社　　址：北京市西城区太平街甲 6 号
邮政编码：100050
印　　刷：北京汇林印务有限公司
经　　销：新华书店
开　　本：787×1092　1/16
字　　数：80 千字
印　　张：12.25
版　　次：2017 年 6 月第 1 版　2017 年 6 月第 1 次印刷
书　　号：ISBN 978－7－5002－7941－9/F・162
定　　价：42.00 元
销售热线：（010）83190289　83190292　83190297

出版前言

数字文明为我们求知问道、拓展格局带来空前便利，同时也使我们深受信息过剩、知识爆炸的困扰。面对海量信息，闭目塞听、望洋兴叹固非良策，不分主次、照单全收更无可能。时代快速变化，竞争不断升级，要想克服本领恐慌，防止无知而盲、少知而迷，需尽可能将主流社会的最新智力成果内化于心、外化于行，如此才能更好地顺应时代，提高成功概率。为使读者精准快速地把握分散在万千书卷中的新理念、新策略、新创意、新方法，我们组织编写了这套《好书精读丛书》。

这套书旨在帮助读者提高阅读质量和效率。我们依托海内外相关知识服务机构十多年的持续积累，博观约取，从经济管理、创业创新、投资理财、营销创意、人际沟通、名企分析等方面选取数百种与时俱进又经世致用的好书分类整合，凝练出版。它们或传播现代经管新知，或讲授实用营销技巧，或聚焦创新创业，或分析成功者要素组合，真知云集，灼见荟萃。期待这些凝聚着当代经济社会管理创新创意亮点的好书，能为提升您的学识见解和能力建设提供优质有效便捷的阅读资源。

聚焦对最新知识的深度加工和闪光点提炼是这套书的突出特点。每本书集中解读4种主题相关的代表性好书，以“要点整理”“5分钟摘要”“主题看板”“关键词解读”“轻松读大师”等栏目精炼呈现各书核心观点，崇真尚实，化繁为简，您可利用各种碎片化时间在赏心悦目中取其精髓。常读常新，明辨笃行，您一定会悟得更深更透，做得更好更快。

好书不厌百回读，熟读深思子自知。作为精准知识服务的一次尝试，我们期待能帮您开启高效率的阅读。让我们一起成长和超越！

目　录

在论及“口碑”这个难以琢磨却能量巨大的营销渠道时，比“碑”——说的话，更重要的是“口”——谁说的。换句话说，要预测消费者的未来偏好，没必要对所有人进行调查，只要知道并了解影响者的想法，就能轻松知道大众所需。影响者是展望未来成功之窗的有影响力的人，要成功，就得先找出影响者。影响者可以把你的商业观念推向新高峰或打入谷底。因此，抓住了影响者，就抓住了更广大的市场。

掌握趋势并不是趋势专家的专利，每个行业都有独具远见力、擅长判断趋势的人，他们在业界独领风骚。远见力是一项可以开发、细化、强化的商业技能，可通过观察、分析与思考进行培养。只要能发现趋势并培养自己的远见力，就能创造出偌大商机，就能让成功几率远胜那些后知后觉者。

未来从现在开始。如果仔细研究今日正在出现的创意与动力，我们就能够察觉那些已然启动、即将决定未来的力量。一旦了解这些力量，自己应对变局的能力就能增强。文中深入一系列发展中的假想情境，并且诠释个人、企业与社会变化的内涵，策略性地勾勒出未来可以预见的7种惊人变化，让我们得以展开准备工作、未雨绸缪，以迎接挑战、善用机会。

纳米技术是一门跨学科的科学技术，将开启不同领域的碰撞与交叉，交流与合作。纳米技术产品的出现与商业化将冲击各个产业，剧烈改变整体商业趋势，有了纳米技术一个领域的发展，就可在另一个看似不相干的领域产生十分惊人的后续效应，它正以如此方式促成数个产业的重整和聚合。掌握纳米技术的趋势，就能在未来的市场抢占先机、建功立业。

影响者

百万人中，他说了算

The Influentials

One American in Ten Tells the Other Nine
How to Vote, Where to Eat, and What to Buy

原著作者简介

埃德·凯勒（Ed Keller），罗普公司 CEO，罗普公司从事全球性市场研究与咨询，从 20 世纪 40 年代起便开始进行影响力的研究调查。凯勒是美国研究品牌策略、顾客忠诚度管理、公司信誉与沟通效能等方面的知名专家，还是广告研究基金会董事以及市场研究学会成员。

琼·贝利（Jon Berry），罗普公司副总裁。贝利曾担任《商业周刊》营销编辑，《品牌周刊》编辑与专栏作家以及《广告周刊》旧金山分社经理。

本文编译：戴至中

主要内容

5分钟摘要

掌握影响者，掌握市场

现今美国人在作购买某项商品的决策时，倾向于采纳自己所敬重的人提出的意见，而不是仅听信于单向的广告宣传。对多数人而言，个人作购买决策的第一步是征询他人的意见，然后检验这些想法与建议，最后才决定购买。电子邮件、网络论坛交流区与贴吧等工具的盛行，更大大助长了这股趋势。因此，要预测消费者的未来偏好，已没有必要对所有人进行调查。只需了解影响者的想法，就可轻松知道众人在想什么。

换句话说，在论及“口碑”这个难以琢磨却能量巨大的营销渠道时，比“碑”——说的话，更重要的是“口”——谁说的。只要得到影响者的支持，营销效果就会大幅改善。想打动影响者，就必须了解他们的想法。全球营销研究机构罗普公司针对影响者进行了连续 60 多年的研究调查，建立了一个包含以下信息的影响者模型：

◎影响者的重要特征。

◎影响者针对各种商业议题的想法。

◎影响者如何采取行动。

◎影响者认可某项新想法，并向他人传播的重要原则。

影响者可以把你的下一个商业新观念推向高峰或打入谷底。抓住了鼎鼎有名的影响者，就抓住了广大的市场。

一 影响者的特征

影响者无法以人口统计资料来界定，因为影响者分散于各类人口统计群体中，只能由其性格特质与兴趣来界定。影响者具有下列5项特征：

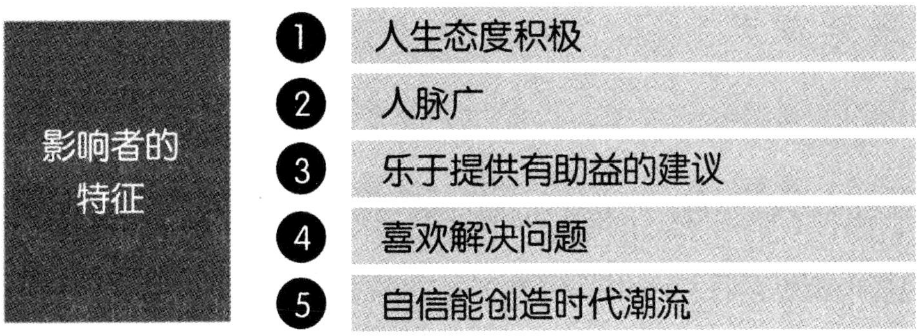

1. 人生态度积极

影响者认真投入生活，积极展现自我，不喜欢当冷眼旁观者。他们总是热情地从事各种活动，如：

◎给报纸杂志投稿。

◎加入社区义工团体，并经常担任组织干事。

◎给政治人物写信，积极表达意见。

◎以个人意愿选择政党。

选择工作时，影响者也会表现出这种积极参与精神，并视工作为人生志向，而不仅仅是糊口的收入来源。影响者的个人生活都很忙碌，他们忙着参加各种活动，并且积极投入宗教生活，绝大多数的影响者都是教会或宗教团体中的活跃分子。

2. 人脉广

这是影响者最显著的特征。影响者有非常好的人际关系，认识各行各业的人。他们积极参与各种不同团体。影响者是“永不嫌朋友多”的人际高手，他们热爱无限扩大交际圈。

影响者参加的各种团体包括：

◎当地社区或城镇团体。

◎政治或社会义工团体。

◎校友会。

◎社会活动兴趣团体。

◎职业团体或工会。

影响者也多半善于运用网上论坛、面对面讨论会等交际工具，并能清楚地表达想法、侃侃而谈主张和观点等。

3. 乐于提供有助益的建议

影响者希望得到别人的尊敬，喜欢别人向他们请教对某件事情的看法，也喜欢尽其所能地提供有益他人生活的劝告或建议。

也就是说，影响者乐于担任别人的良师益友，并喜欢尽己之力把领悟与经验奉送给人，同时还会贴心地提醒注意事项以及相关重点。影响者善于分析事情的来龙去脉，所以能很快掌握新事物。

4. 喜欢解决问题

影响者是解决问题的不二人选，他们把每个问题都当作学习新事物的机会，总是勇往直前地接受挑战。影响者一旦看到某种新做法有可取之处，就会兴致勃勃地展开行动，想办法在其他方面推广这个做法。

影响者很享受“挖掘事情背后”的乐趣。大部分影响者对下列领域都非常感兴趣：

◎全球时事。

◎环境、自然生态。

◎养生保健。

◎音乐、政治、科技。

特别值得注意的是，影响者喜欢培养与这些领域相关的兴趣爱好。

5. 自信能创造时代潮流

影响者非常乐于学习，接受新科技的速度通常比大众快。只要有能增进效率的新产品出现，大部分影响者都会赶紧将其“收入囊中”。影响者对新科技的高接受度，使他们成为新趋势的引导者。

比如，大部分影响者开始使用个人电脑的时间比大众早3～5年。相同的情形也出现在互联网的使用上，影响者也比一般大众早4～5年。

影响者更是最早使用自动提款机、录像机、摄像机、个人退休账户、小型车的人。

影响者能及早掌握新趋势，看出其附加效应。因此，影响者易成为一般市场趋势的领先指标。假如影响者对某个产品的评价不错，则该产品被大众市场接受的程度就偏高。假如影响者对某个产品无好感，则整体市场也可能有类似反应。影响者是很好的领头羊。

关键思维

影响力是一时的还是长期的？我们的研究调查发现，“有影响力的美国人”在这方面的差异相当大。有的人一旦投身于某个团体，便终生不渝，但多数人只会在某个团体待几年，因此，影响者的影响力会随其投入团队时间的长短而变化。但就整体而言，这未尝不是件好事。“口碑网”中，新人源源不断地加入，为不同主题的相关对话、调查、意见带来新的活力与刺激。这些主题可以是“当地学校发生的事”，或“下次休假去哪里会好”。口碑相传的威力不容忽视。

——埃德·凯勒　琼·贝利

二　影响者的人格特质

影响者通常都有非常鲜明的人格特质，相应也有与众不同的行为表现。影响者主要具有以下5种人格特质：

1. 对重要的事很敏感

影响者多半会排列筛选心中的想法，决定哪些重要、哪些不重要，接着就会全心全意、不惧任何艰难险阻地按照自己的想法去做。这是影响者的重要人格特质之一。

有些影响者会自告奋勇地担任崇高理想的推动者，但有更多影响者则和多数美国人一样，比较在意家人、房子、财务保障与充足的休闲时间，在意获得良好的生活品质。

2. 相信个人的成长与转变

大部分影响者都相信，个人对命运的掌控程度其实远远超乎想象。正因为如此，影响者多半都会积极地为自己创造愉快的生活，并相信生命中的最大转变来自内心转变而非外部波动。影响者通常都表现出乐观的一面。

影响者多半从事有益个人成长的工作，而不在乎其表面是否光鲜亮丽，也清楚知道若要事业飞黄腾达，势必得付出生命中的其他代价。因此，影响者虽然会设定并追求个人目标，却不会走火入魔或顾此失彼。

3. 兼顾个人与公众利益

“有影响力的美国人”在作决策时，多半会在整体考虑中兼顾个人与公众利益。只要情况允许，就会选择互惠互利的做法，使自己的所作所为无愧于心。对他们而言，公众群体是个人生命中不可或缺的部分。

因此，影响者会：

◎认为自己对邻居与居住的社区负有责任。

◎认为自己有义务协助社会弱势成员。

◎多半中规中矩、立场温和，并关心自己的权益。

◎以行动证明，只要社会中每位成员都能睿智、聪敏地生活与工作，世界必定有所不同。

4. 有家庭优先的价值体系

绝大多数人仍对“美国梦”深信不疑，所谓“美国梦”包括自有住宅、幸福的婚姻、生儿育女与有趣的工作。影响者也忠实地信任这点，被问及心中最重要的事时，他们都认为家庭是第一位。而他们所谓的成功，就是当个好伴侣和好父母。

影响者也比一般人更强调美国人的基本家庭美德，包括诚实、自由、可靠、爱与人际关系。他们的正义感、责任感与社会容忍度都较一般人高。影响者对许多普遍想法，如“过一天算一天”或“把毕生精力都用来追求财富”等颇不以为然。

总而言之，影响者很注重对生活的亲身体验，所以光靠目睹或耳闻是不够的。影响者感到最不满意的地方包括：

◎花在子女身上的时间不够多。

◎目标与成就之间有差距。

◎与最初的期望相比，实际学到的不多。

◎未实现的目标。

5. 对自己的特立独行处之泰然

从个人能力、思想与信仰上来看，大部分影响者的确有点古怪与任性。不过他们并不在意，反而对自己可以独排众议、被视为非主流异类深感骄傲。

因为很多影响者都“特立独行”，所以他们对很多问题采取的立场可能会相当矛盾。举例来说，影响者也许赞成创新与大企业，但却无法认同其对环境的消耗；他们虽然爱好蓝调音乐，却也可以去尝试泰国菜以感受新口味和新乐趣。

影响者对经营自己的人生充满自信，这也解释了为什么别人会向他们寻求建议与信息。影响者面对相同的信息，会完全根据自己的喜好与需求，提出融合保守与新意的想法。他们就是用这种方式树立良好典范，让他人有所依循。

关键思维

在变动发生时，大家自然会去寻找指引，看谁的想法比较具备前瞻性，谁已辨识这些变动的深意，并乐意把自己的亲身经历与大家分享，且会针对接下来该怎么做以及未来会如何，提供可憧憬的理想，可靠且完整的见解与信息，而且人人都相信他。美国人天生就懂得这么做。在各种信息从四面八方涌现出来的今天，我们相信，美国人会愈来愈依赖最简单的沟通形式，口口相传的建议，以及信任的人所提供的信息。

——埃德·凯勒　琼·贝利

“觉得有些事情很重要，值得注意、参与和投入”——这种“事关重大”的感觉正是影响者的特质，也是让影响者显得与众不同的原因。他们就是有办法分辨出重要之事，并义无反顾地一肩挑起，这也是影响者的动力来源。

——埃德·凯勒　琼·贝利

三　影响者的影响过程

影响者的个人兴趣，能如滚雪球般加以传播，也就是说影响者会告诉某人自己的兴趣，对方又会告诉其他人。这样的过程会一再重复，直到一大堆人加入这个圈子为止。影响者影响他人的方式有以下 7 大特点：

影响者如何影响他人

1. 运用多种资讯来源
2. 非常注重口碑
3. 热衷于与他人分享想法
4. 要求精益求精
5. 非常依赖书面信息
6. 运用其他媒体
7. 相信自己的直觉

一旦影响者接触到新事物，便会兴致勃勃地去深入了解，找出事物背后的深层知识，并乐于与他人分享心得。这种情形能进一步激发影响者以及与其有所接触的人继续深究，创造出一种几何级数增加的族群形态：

一旦影响者热衷于某样东西，便会影响自己“圈儿中”的人跟进。通过进一步研究与开发，“圈儿外”人也会加入。这样形成的良性循环会不断扩大影响范围，并代代相传。

在扩散自己的偏好、感兴趣的话题方面，影响者的行动通常表现出 7 大特点：

1. 运用多种信息来源

影响者在搜集消息与信息时，倾向于使用比普通人多的消息来源。他们多半会注重时效性，且喜欢利用所见所闻构建自己的真实世界。影响者是很好的研究者。

2. 非常注重口碑

虽然影响者喜欢引用各种消息来源，但还是

认为个人推荐是获取新观念的最佳渠道。对他们而言，一切都比不上自己信任的人所提供的个人建议，朋友和同伴对产品和服务的看法也颇具说服力。尤其当影响者必须作出重大决策时，更会用到口碑。他们天生就有请别人提供建议的思维方式，就像大家经常会向他们寻求各种议题的意见与看法一样。

3. 热衷于与他人分享想法

影响者乐于通过分享信息的方式来帮助别人。他们的观点是："要有所得，就得与他人分享。"他们随时都准备发表意见，试图协助别人避免犯错。影响者相信，与他人分享个人所知是件很重要的事，但出发点并非为了个人利益，而是为了帮助别人。

4. 要求精益求精

产品与服务持续而有意义的改进，最能获得影响者的青睐。基本上，他们会要求产品必须定期刷新本身价值。假如产品或服务无法定期升级、提高品质，那么多数影响者就会对其丧失兴趣。他们感兴趣的是先进的东西，而不会选用符合过去杰出标准的产品。

5. 非常依赖书面信息

大部分影响者都以书面信息为出发点和落脚点，他们先从书面信息中吸取新观念、新信息，又以书面信息的方式向他人提供观念与信息。影响者会拿报纸杂志的报道或书摘给朋友看，以佐证所言。影响者非常依赖平面媒体。

6. 运用其他媒体

虽然影响者可能比较善于阅读，但也愿意接触其他信息来源。有很多影响者同样擅长运用网络上的新信息，善于利用网络的即时性。如果要宣传新电影，在电视或网络上播放片段的营销手法对影响者十分有效，因为这和他们惯用的思考方式相一致。

7. 相信自己的直觉

为什么大部分影响者都非常善于筛选大量信

息？主要是因为他们习惯于凭借直觉来决定哪些事重要、哪些事不重要。影响者多半很自负且务实。他们会吸引那些正面临选择并想寻求协助的人，于是便成了大家的观念领导者。影响者多半善于过滤选项、决定轻重缓急，然后为好东西创造口碑话题。

关键思维

口碑是指借消费者之口对产品或服务进行的推荐，但这种概念在执行上往往会变成由上而下的对话。许多生意人似乎把口碑想成一种接力赛——由企业把信息传给消费者，然后再由此消费者传给其他消费者。不过至少在影响者身上，这种方法会碰壁，因为这并不是影响者的口碑运作模式。决策经常是群体对话，影响者只是为这些做法、观念、信息、产品与服务创造市场推手，影响者必须借助群体的经验与能力。

——埃德·凯勒　琼·贝利

四 影响者的领导角色

影响者是目前社会主流——自力更生运动的前锋。在这股风潮中，个人行为完全掌握在自己手上，而不是让政府或他人主导一切。作为这场运动的思想领导者，影响者多半具有下列5个特点：

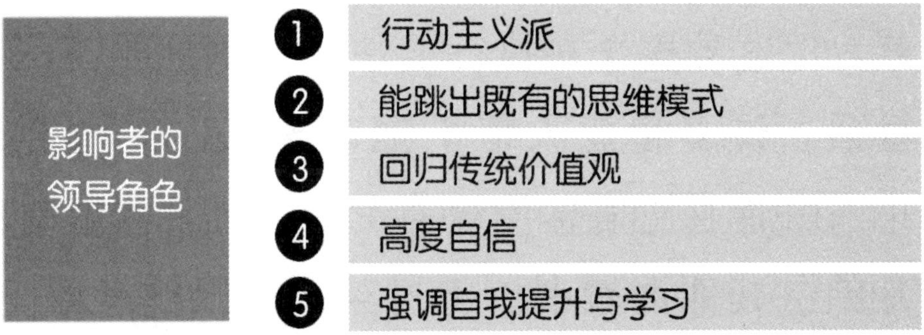

1. 行动主义派

影响者相信，自己能对社会有所作为。因此，他们会参加居民大会、接受学校委员会的遴选、加入公众团体、向报刊投稿、投身社区服务组织、加入社区义务巡逻等。影响者还喜欢成为上述团体活动的活跃人物，并鼓励认识的人一起加入。他们认为应该靠自己来解决问题，而非等政府来想办法。

2. 能跳出既有的思维模式

大体来说，影响者多半都有自己的想法，不会人云亦云。多数年轻的影响者宁可用网络接触志同道合的伙伴，也不愿意去参加什么联谊会或组织会。影响者喜欢行动，愿意理性地去做些有意义的事，而不是纯粹为作秀或打知名度。

3. 回归传统价值观

自力更生运动的一项特征就是强调价值与传统，影响者与这种回归基本的想法十分吻合。他们坚信，唯有参与其中的人先从事必要的“内在”改革，“外在”改革才能成功。基于这种想法，影响者会：

◎教导子女接受传统的伦理与价值观，并鼓励其他父母一起跟进。

◎积极表达自己的看法，认为娱乐和音乐产

业可以鼓励而非压抑好的价值观。

◎鼓励企业更公开地提出自己的价值观。影响者坚信，利用自身资源提升团体优良价值是企业的重大责任。

4. 高度自信

和一般美国人相比，影响者在大部分对话中都能展现出高度自信。这一方面是因为他们阅历丰富，另一方面也是因为他们人脉广。影响者多半是通才，而不是只通晓某个特定领域的专才，所以几乎在所有谈话中，影响者都深信自己可以提出有价值且有助益的想法。

举例来说，影响者往往比较放心自己负责财务决策，而不是交给顾问处理，至于是否购买人寿保险、挑选投资标的和参与股票市场，也较一般人明确。这也意味着，能打动影响者内心的商业手法是平等对话，打包票的吹嘘手法是行不通的。精明的营销人员应懂得如何做。

影响者对自己接触政府、社会、教育机构的

方式非常自信。尽管他们可能对体制内部分人的能力与行为感到失望，但多半对民主程序深具信心，并坚信听从民意是最好的决策方式。

5. 强调自我提升与学习

学习是自力更生的重要组成部分。影响者热衷于持续学习与分享所知。这对营销人员的启示是，若要吸引影响者的注意，所有广告和营销内容都应有助于消费者学习新知识。

尽管影响者对学习有热情，却不见得来者不拒。比如，影响者可能觉得没有必要掌握一流的电器维修知识。他们非常聪明，知道应该把哪些事交给学有专精的人处理。

影响者还喜欢通过和他人交谈来学习。他们会强调亲口推荐的重要性。影响者的使命就是要为朋友和同伴提供新见解与新知识，所以商业组织要以强化这项特性为营销诉求，来获得影响者的大力支持。

关键思维

我们有很好的理由相信，自力更生运动在未来几年都会是关键课题。现在有很多新科技和新企业，如共同基金业、科技业甚至零售业等，都以此为出发点，努力加强消费者的参与度。此外，自力更生运动奉行的价值观与美国传统有关，身为意见领袖的影响者也参与其中，信奉成长与改变、上进心、家庭、学习、甄选重要事物的能力，以及兼顾个人与公众利益的现实态度。自力更生似乎成了影响者和全体公众的中心思想，为此，企业必须考虑把这些价值加入到产品、服务、沟通和运营中。

——埃德·凯勒　琼·贝利

五　影响者对未来的看法

影响者关心哪些未来的远景？整体来说，大部分影响者相信，有 7 项主要课题会影响他们的未来生活：

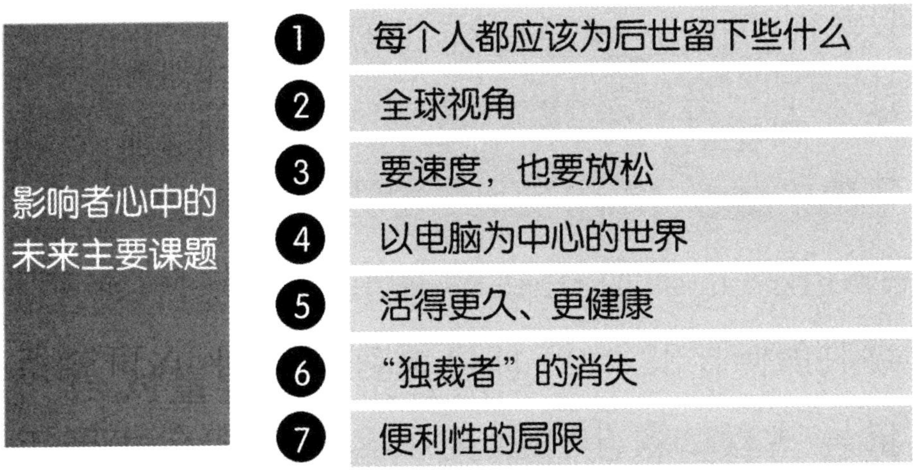

1. 每个人都应该为后世留下些什么

影响者对能给子孙后代留下什么有着极高的兴趣。与绝大多数普通美国人相比，影响者在作决策时，通常会考虑其举动可能对后代造成的影响。因此，他们无时无刻不注意下列问题：

◎环境问题。

◎平等受教育机会。

◎犯罪与暴力。

◎贫富差距。

◎疾病。

◎家庭。

基于影响者的个性，他们会主动寻求科学与新科技的帮助，来为这些问题与挑战的解决出谋划策。大部分影响者也认为，就某种程度来说，将来他们势必要靠自己的力量来想出这些问题的解决方案。他们认为自己能为后代留下的遗产就是设法做点事让世界变得更好，而不是默默接受现状。

2. 全球视角

心怀世界并不代表影响者试图把全球“美国化”。恰恰相反，大部分影响者都尝试综合世界各地的好想法，也就是说，影响者正试图建立兼收并蓄的生活方式，涵盖世界不同文化。

影响者固然在当地社群中十分活跃，但也有强烈意愿去了解世界各地对最佳生活方式的看法。影响者很喜欢旅游，喜欢亲身体验其他文化的丰富多变。他们也很关心世界各地正在发生的事，而不会只注意美国的国内事。

3. 要速度，也要放松

近年来，大部分影响者的生活步调愈来愈快，他们需要拥有一段日常的个人平静时间。多数影响者每天都会留下一些时间来沉淀自己，暂时放下压力和忧虑。

影响者可能偏爱以旅游这种方式来抛开一切压力。能从电话、传真和电子邮件中逃离的周末也是喘息的机会。他们每天还会为自己留点时间用在喝杯咖啡、看看书、和朋友联络感情上，或者干脆什么都不做。将来会有愈来愈多的资源运用在协助大家维持良好平衡的生活上。

4. 以电脑为中心的世界

信息时代的重要配备到底是个人电脑、电话

还是电视？对此曾有过不少争论。对大部分影响者而言，个人电脑当然能轻松打败其他配备。因为无论在工作中还是在生活上，他们使用电脑都是得心应手。每个家庭都会有家庭电脑，可用来储存：

◎小孩作业。

◎家人相片。

◎电影资料库与音乐集。

◎病例与财务资料等。

影响者偏好的家庭电脑正是“智能型”家庭的重点。大部分影响者都认为，家电用品总有一天会与电脑相连，再辅以机器人负责家中杂务。在那天来临前，大部分影响者都会随着以数字方式储存与运用个人资料的盛行而成为电脑高手。

5. 活得更久、更健康

影响者知道年华终将老去，但不接受体能活动因而受限的想法，并特别提出整个人类目前正出现的 4 个重大变化：

（1）“老”的定义正在改变——这些定义变化包括退休年龄从60岁变为65岁、75岁甚至更老，很多人甚至把晚年视为在完全不同领域开展事业第二春的好时机。

（2）年长开始被视为一项“利好”——医疗保健的进步，弥补了体能在某种程度上的限制。因此，银发岁月也被视为尽情享受个人爱好的时机。

（3）相信许多新科技会使老年人变得更轻松——如机器人、便携式健康监测仪，以及在紧急医疗事件发生时可迅速提供治疗的智能卡。

（4）自力更生会愈来愈受瞩目——大部分影响者都会积极规划晚年生活要做什么，而不是简单住进养老中心安享晚年。尤其是很多影响者都会成立慈善信托基金和其他组织，以便为公众尽份心力。

6.“独裁者”的消失

过去大家都在猜测，以后会不会真有个“独

裁者”来主宰个人生活中的一切大小事。对此，影响者有坚决的态度，他们强烈主张个人自主权，并视隐私是必须予以充分关注的重大议题。大部分影响者都无法接受基于营销目的而把个人的详细资料泄露于外，所以会坚决拒绝从事任何类似的勾当。

基于相同理由，影响者也不太愿意参与“顾客关系”方案。他们明白，在太多的企业并购案例中，个人资料都是被当成企业资产，而非个人财产；说到底，一切都取决于信任与否。假如影响者相信企业会把这些个人资料用于增进顾客利益，那么就会愿意提供个人资料，一旦缺乏这种信任，他们就会拒绝提供资料。

总而言之，只要商业机构态度友善，影响者就会乐意合作。不过，要是有任何机构想扮演“独裁者”，势必不能获得影响者的合作。

7. 便利性的局限

按传统观点来看，产品要卖得好，一定要兼

具速度与效率。不过，影响者对此却愈来愈挑剔。他们逐渐认识到，有时只为图个方便而放弃享受是不值得的，尤其是在品质因此受损的情况下。举例来说，影响者宁可花时间找家心仪的餐厅用餐，也不会去速食店外卖窗口随便买点东西果腹。

影响者对生活中愈来愈多的地方变得相当挑剔。他们喜欢方便，又不愿牺牲品质，喜欢大量采购，也喜欢通过网络买东西，理由都是为了节省时间，以便做陪孩子等品质更高的事情。

关键思维

总之，影响者正把“方便”这个概念导向其原始本意——不光是指更快速和更有效，其第一个定义是“合乎个人舒适感、目的或需要的特质”。如果要让“方便”持续扩展，就必须少谈速度与效率，多谈消费者的舒适感、目的与需要。由影响者引导方向，并利用科技、产品和服务来满足个人喜好，这终究是未来趋势。

——埃德·凯勒　琼·贝利

影响者花在思考未来上的时间比一般人多，所以对未来的适应能力也比一般人好。他们把毕生心力都用来研究未来会遇到的问题，为这些问题找出可能的解决之道，并设法把这些解决之道融入公众与个人生活中，他们知道问题总是有办法解决的。

——埃德·凯勒　琼·贝利

六　针对影响者的商业策略准则

要与影响者有所联系，并和这些意见领袖对话，必须遵守下列 6 项准则：

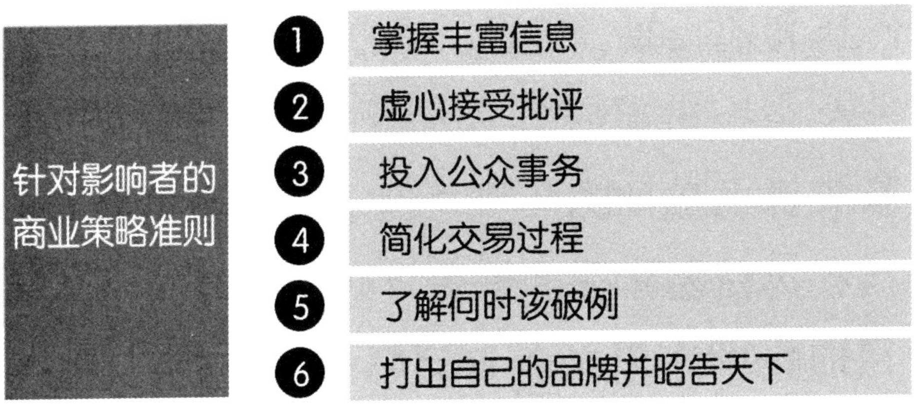

1. 掌握丰富信息

影响者作决策时依赖于足够的信息，所以要征服影响者，就需要尽可能提供足够多的高品质信息。这表示要打入影响者的细分市场，最好的办法就是利用兼具创意与信息的广告，而不单靠要花招。如果影响者认为广告主不尊重他们的智慧，或是企图歪曲事实，那么就会心生反感。因此较好的做法是提供更多信息（也许可以摆在广告中所提及的网站上，而别奢望把所有东西都融入广告中）。这样，影响者就可以自行研究、验证你所提出的保证，并对照所有条件。你若有办法让影响者主导一项销售的研究阶段，便可提高成功机会。

2. 虚心接受批评

影响者很会抱怨。要留意那些最喜欢对产品或服务挑毛病的人，因为他们很可能就是影响者。不要回避他们的批评，要虚心求教、改正缺失，并竭尽所能让他们满意。只要做到这点，影响者就会告诉每个人，他很了解你们公司，因为你们曾对他所关切的事有所回应。对影响者来说，最重要的事并不是出现了这些问题，而是你以行动回应了这些不满。只要做到这点，抱怨的影响者就会变成最忠实的支持者。

3. 投入公众事务

到底该怎么做？以下这些点子可供参考：

◎投入公众公益事务——如建运动场、担任学校基金筹措人、支持读书计划，或是赞助童子军活动。影响者经常活跃于这些活动的筹备委员会。

◎协助进行某些公众活动——社区大扫除、捐赠物资，甚至是指导青年公益团体。

◎尝试某些公益营销——如把部分收入用于改善当地公立学校条件等。

◎支持大家都很关心的计划——尤其是环保措施。

4. 简化交易过程

影响者在买东西时，多半会寻找省钱、价格划算及对生活有助益的产品。不过，当他们真正找到了对家人生活有助益的产品或服务时，反而愿意多付点钱。

这对营销人员有何意义？就是让一切保持简单明了。向影响者推销的最佳方式就是提供简单的样品，让他们亲自试用产品或服务。假如影响者觉得你的产品真的达到了你所保证的好处，他们就会成为忠实热心的顾客与拥护者。

营销传播也应该简单直接。以影响者为对象的广告，应该说明产品与服务的实际好处，千万不要语焉不详。不必对影响者承诺地位、财富或名望，因为这些东西对他们来说并不重要，影响者反而希望听到事实。

5. 了解何时该破例

大体说来，影响者对大部分事都很现实。但遇到自己真正热衷的事时，则会刻意放松这项原则。在涉及这些事关个人利益的事项时，大部分影响者都会把理性与客观抛到脑后。一般来说，在以下 7 件重要的事项上，影响者会打破自己的惯例：

◎科技。

◎个人财务与投资。

◎旅游。

◎餐饮。

◎住宅。

◎健康。

◎车辆。

企业应该想办法随时掌握这些领域发生的最新消息。只要上述事项出现风吹草动，影响者便会注意到。因此，要努力把影响者的这种兴趣转换成你的产品或服务的销售量，即使他们感兴趣的不是你的营业项目。

6. 打出自己的品牌并昭告天下

尽管时常心存怀疑，但影响者还是很注重品牌。只要品牌能为他们提供正面的体验，并以合理价格传递品质，就会得到他们的认同。对影响者来说，品牌既节省时间，又可简化选择，因为他们不用为了找出市场上最好的东西而大费周折。

有鉴于此，企业应该全力为影响者带来极佳的品牌体验。若你能做到这点，影响者就会认可你的产品或服务。

关键思维

对影响者而言，信息是最佳解决之道的入口。

——埃德·凯勒　琼·贝利

我们从研究中得知，当影响者发现喜欢的产品或服务时，通常会告诉5个人；但有些研究则估计，听到影响者表达不满的人数却至少是“5”的5倍。所以我们的结论是，当影响者站出来表达不满时，背后其实代表了一个很严重的问题，那就是潜在顾客并不满意。

——埃德·凯勒　琼·贝利

如果要获得影响者的青睐，一个最好的办法就是积极投入可为群体生活带来具体好处的事业。

——埃德·凯勒　琼·贝利

绝大部分影响者认为，企业在生产、销售产品与服务的同时，也应该致力于解决社会问题与提升生活品质。企业必须成为公众的一分子。对影响者来说，更好的世界与基本需求不应互相排斥。在他们的观念中，更好的世界就是基本需求。

——埃德·凯勒　琼·贝利

影响者谈到品牌时，讨论的通常是这个品牌对生活有多大助益。大部分影响者都带有功利主义的倾向，例如他们比一般大众更坚信电脑和网络是应用科技的必要条件，这种特质大致代表了他们的消费风格。当影响者被产品或服务吸引时，他们看中的是商品能为他们及家人做什么，而不是用了这些商品可以显示什么特殊地位。

——埃德·凯勒　琼·贝利

对影响者而言，金钱的地位还不如安全感、自主性与人际关系，这些才是他们行为与信仰的基础。

——埃德·凯勒　琼·贝利

对影响者来说，如果可以不必为了选择而烦心，多花点钱也是值得的。这样，他们就可以把心思放在更重要的事上。他们愿意把省下的时间和脑力用在生涯发展、社区工作、家庭和个人兴趣上面。我们认为，影响者有分辨“什么才重要”的能力，这正是他们惯有的人格特质。

——埃德·凯勒　琼·贝利

要取信影响者并非易事。他们很难被说动，而且是社会上最挑剔的公民与消费者。相较于一般美国人，他们对企业的要求比较高，比较难说服，比较容易看穿夸大不实的宣传，比较会讨价还价。但在数十项研究的支持下，我们相信，愿意花时间和精力了解影响者的人拥有看出未来方向的长远眼光，终会获得回报，在市场上和社会上取得成功。

——埃德·凯勒　琼·贝利

理解未来的 7 个原则

Flash Foresight

How to See the Invisible and Do the Impossible

原著作者简介

丹尼尔·伯勒斯（Daniel Burrus），未来学家、科技发展领域的咨询大师，专注于科技与创新领域的趋势预测和商业策略，是伯勒斯研究协会创办人兼CEO。伯勒斯成功创办并妥善经营着6家企业，同时也为《财富》杂志500强企业的高层们担任策略顾问，帮助他们发现创新机会、解决经营难题。微软、谷歌、IBM、东芝、通用汽车、宝洁、美国运通等都是他的忠实客户。伯勒斯毕业于威斯康星大学麦迪逊分校。他的演讲踪迹遍布全球，并著有多本关于创新的书。

约翰·戴维·曼恩（John David Mann），商业、领导力以及成功法则方面的畅销书作家，代表作《做一个积极的付出者》是《华尔街日报》畅销书。

本文编译：许景丽

主要内容

主题看板

远见力

人人都想预测未来趋势，以期独占先机。掌握趋势并不是趋势专家的专利，每个行业都有擅长判断趋势的人，他们在业界独领风骚。所谓远见力并不会灵光一现、随机发生，而是一项可以开发、细化、强化的商业技能，可以通过观察、分析与思考培养出来。只要你能发现趋势并妥善利用，你就能抓住偌大商机，就能让成功几率远胜那些只知道随波逐流或者道听途说的后知后觉者。

那么要如何预知未来，洞察先机呢？本文提出了未来趋势的几种特性，包括周期性的变化必然会发生（如经济衰退一段时期后必然会复苏）；过去的线性变化未来继续出现（如全球人口会继续增加）；各种硬趋势会继续发展；各种软趋势也在悄悄酝酿。另外，还必须根据科技进步的8个途径，即去材料化、虚拟化、移动化、产品智能化、互动性、网络化、全球化及整合等要素，结合自己所从事的产业特性，来一窥未来的业界走向。事实上，今时今日，各行各业都必须善用科技优势，进行产业的改造与转型。正如同亚马逊网络书店彻底改变了人们购买书籍及其他商品的消费模式，YouTube互动平台取代传统电视台而颠覆了观看体验，苹果公司的iPod音乐播放器及iTunes线上音乐商店完全改造了音乐产业一样。

这个时代是名副其实的“瞬息万变”，未来的趋势与你的产业、企业及个人的竞争力息息相关。两位作者说，摩托车后轮的引擎驱使我们行进，但为我们决定方向的却是前轮。骑过摩托车的人都知道，眼睛朝哪里看，你就会往哪里去。你原本熟知的方向，可能在不停变化的环境中偏离。本文即教你如何为产业建立新定位，有系统地培养自己的远见力，向前看，向前走！

5分钟摘要

触发远见力，独占先机

灵光一现而预见到趋势并非偶然，只要利用7大原则培养远见力，就能独占先机。今日的世界变化太快，必须运用已知的“硬趋势”预测未来，并以科技建立竞争优势，进行产业转型，同时善用逆向操作的策略，比别人领先一步冲破终点线。

所谓预见未来的灵光一现，是指“在灵光乍现中，预见明显的未来趋势”。这个能力可以直观地洞察到在可预见的未来会发生什么事，进而了解个中蕴含的机会。只要你能培养出这种远见力，就等于有能力防患于未然。

你可能已有类似经验：偶然间灵光闪现，而瞥见事情发展的可能趋势，于是照着你的直觉去做，结果会非常顺利。幸好这种远见的灵光并非随机发生，可以通过学习来掌控。如何持续触发远见力是一项商业技能，而这项技能是可以开发、细化、强化的。

触发远见力有7大原则，你必须加以了解，进而按部就班地持续运用，以激发出更多的远见力。

7大原则触发远见力	
1	从确定性开始——运用目前已知的硬趋势预测未来
2	洞察先机——根据预见的趋势详加规划
3	变革——利用科技建立竞争优势
4	跳出你面临的问题——撇开表面问题，直捣核心
5	反其道而行——大家都往右走时，你该往左走
6	重新定义和再创造——善用自己的独特性
7	主导未来——掌控方向，先发制人

这7大原则就像乐谱上的音符，组合在一起能奏出美妙的乐章。一次灵光闪现可能不会用上所有原则，但许多远见力闪现的时刻都是由这几项原则而触发。学着持续善用这7大心法，自然

会增加触发远见力的几率。

不妨经常运用这 7 大原则展望未来，展望得愈多，能预见到的收获就愈多。要培养前瞻的能力，通常需要换一种角度来看未来，进而比别人先一步抵达。

以往，闪现的远见力尽管有用，但并不那么重要。今日，变化的速度太快，远见的能力就变得不可或缺，值得你花时间学习如何触发。

原则 1　从确定性开始

——运用目前已知的硬趋势预测未来

硬趋势是未来的定数，一定要根据你确知的硬趋势来制订策略。避免陷入不确定和疑虑之中，要专注于有把握的部分。

你着手规划未来时，往往会为太多不知道、做不到的事而感到紧张不安。要触发远见力，就得把这些不确定的项目搁到一边，而专注于有把握的事物。

关于未来，你已经知道以下几点事实：

(1) 周期性的变化必然会发生：我们可以笃定地说，如果现在是冬天，再过 6 个月就会是夏天。同样，如果目前经济走向衰退，我们可以预料未来经济必定会跌深反弹，再度起飞。经济何时复苏或许难以判断，但是你知道它必然会发生。

（2）过去发生过的线性变化，预计未来也都会继续发生：全球人口会继续增加，电子装置的功能会整合，未来的电脑处理速度也会比今日快。你可以安全地预测，这些线性变化未来一定会发生。

（3）在你从事的产业和社会整体中，各种硬趋势会继续发展：这些可计量、可验证的趋势是绝对可以预期的。所谓硬趋势，就是未来必然会发生的趋势；硬趋势并不取决于外在情况，而是自然而然会出现的事实。比方说，你可以确定未来互联网的带宽将更加方便存取，而且更便宜，因为这是大家都在努力追求的目标，这也是该产品一直以来呈现的趋势，而未来肯定会继续沿着这条路发展下去。

（4）各种软趋势也在悄悄酝酿中：所谓软趋势，是指在所有条件的发展符合预期的情况下，未来才可能发生的趋势。软趋势的可塑性较高，因为它没有事实根据。预测股市明日的涨跌就是一种软趋势，没有一套万无一失的方法可用于这样的预测。

举例来说，根据目前的硬趋势，美国婴儿潮一代大量退休后，将出现价值上亿的商机，如：

◎身临其境般的电玩游戏，让婴儿潮一代在游戏中犹如置身伍德斯托克音乐节、战争现场、重大审判法庭及政治集会等场合。

◎“老而不休之家”，让各族群的年长者聚集在一起，在音乐、电子、园艺、能源自足等方面发展自己的事业第二春。

◎晚年理财服务，专门帮助这个群体投资股票、基金等。

◎环保殡仪馆和婴儿潮墓园，提供给有环保意识的老人作为安息之所。

关键思维

我们能通过硬趋势预见未来。一旦看到明确的硬趋势，就等于打开了各种崭新机会的大门。

关键在于知道未来该如何预见，从何处预见并花时间预测趋势。

——丹尼尔·伯勒斯

根据确定事实所拟定的策略具有风险低、报酬高的特点。只要你的策略基于确定的事实，也就是硬趋势中可预见的已知未来，或可以操控、清楚情况且采取了相应行动的软趋势，你所建立的企业便能够生存，甚至会在未来蓬勃发展。

——丹尼尔·伯勒斯

如果你要开发一项新的商业计划或是新一代产品，如何才能笃定地着手进行？这并非不可能，你只需要做到：

计划草案

- 做一份清单，列出所有会对你的计划产生影响的周期性变化。
- 另做一份清单，列出所有你确定会对你的计划产生影响的明显线性变化。
- 列出在你从事的产业中，所有已经在运作的硬趋势。
- 接着再列出明显的软趋势，并注明你可以在这当中做出什么改变或影响。

↓

计划定案

- 具体说明："我能确定什么趋势？"然后列出所有支持的事实证据。
- 回答以下问题："我在创新时，如何善用我对未来所确知的资讯？"
- 找相关人士对你的假设提出疑问和建议，并协助你找出未来的趋势。

原则 2　洞察先机

——根据预见的趋势详加规划

不是后知后觉，也不是兵来将挡，你应该随时准备先发制人。也就是说，在未来发生之前，先一步做好应变准备，并且在外力造成影响之前，从内到外彻底改变。

过去只要行动敏捷，就足以在瞬息万变的市场中保持竞争力。但今时今日，则必须预期各种变化，并在这些变化发生之前，早早采取必要的行动。换言之，就是要洞察先机，预做应对。

我们可以确定，科技将在未来持续进步，这是一个无法否认的硬趋势。要独占先机，就得预测 5 年后你所在产业中的领先者会在什么位置，然后立刻迎头赶上他们的最佳做法。否则，你就会陷于跟随行业领先者的混战之中，永远赢不了。

如何推想5年后你的产业会是什么情形？其实这并不难。科技的进步必定通过8个特定途径，并经由3种数字加速器增快速度。

科技进步的8个途径如下：

（1）去材料化：未来设计出的每一项产品，都会比现今这一代等值的产品体积小，而且更智能。它们需要用到的制作材料比较少，因此会比较便宜。

（2）虚拟化：我们目前在实体世界中所做的事情，都会在数字世界中重现；在数字世界中，更容易尝试新的构想。如同博客已经将新闻世界虚拟化一样，一切都会走上虚拟化之路。

（3）移动化：愈来愈多的装置和服务将移动化，不受限于地域。如今人们已将各种资料上传到云端，以便随时随地存取。无线装置必定会普及到全球各地。

（4）产品智能化：愈来愈多的产品变得更聪明了。由于具备内置感应器，它们可在问题发生前及时发出警告。

(5)网络化:网络将继续扩大范围、加快速度,且更方便存取。所有信息终究会移到网络上,进而带来附加值。

(6)互动性:今日的消费者喜欢积极参与,而不只是观察而已,会期望与一切进行互动。

(7)全球化:世界上每个经济体都将紧密相连,再过不久,你身居何处将不再重要。唯一的问题是:你可以增加多少价值。每个产业都将成为全球性的产业,与全世界息息相关。

(8)整合:产业持续整合,产品也在持续整合,各种有趣的混合物不断涌现。今日,电信业、消费性电子业和信息产业已密切整合,产业的界线变得非常模糊,已很难分辨。

值得注意的是,现今上述8个途径的互动,要比过去任何时候频繁得多。许多产品已经将这8个途径的要素结合或整合为一了。

另外有3种数字加速器,也在不断加快科技

转变的速度：

（1）信息处理能力：如同英特尔共同创办人戈登·摩尔于1965年所预期的，电脑的信息处理能力持续提升，每18个月即提高一倍。经过几十年的成长，今日电脑处理能力的年同期增长率令人咋舌。

（2）带宽：带宽可定义为“可在任何既定管道传递的信息量”，它增长的速度更甚于电脑信息处理能力。今日我们通过带宽所能达到的成就，在短短几年前还难以想象。

（3）储存容量：储存容量同样也巨幅激增，大约每12个月增加一倍。换言之，现在它便宜到几乎等于免费。硬盘最初是以“KB”为计算单位，现在则是以“GB”及“TB”来计算。不久之后，甚至会以“PB”及“EB”作为计算单位！

这3种数字加速器，将加快目前所知每一种产业的变化速度，无一例外。要发挥这些知识最大的功用，就得开始设想理想的未来是什么样子，而你现在可以采取哪些步骤来打造未来。最重要的是，要设法让自己更能预做应对，洞察先机，减少被动反应。

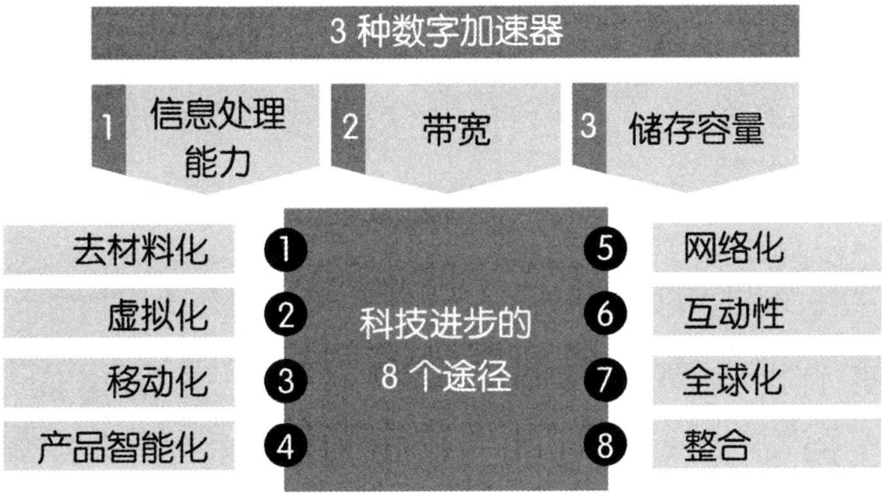

原则3 变革

——利用科技建立竞争优势

改变还不够——在今天这个时代，你必须设法彻底转变。要应对未来，就得做好规划，变革你所做的每一件事。

传统上的产业变革通常是换汤不换药——本质上仍做同样的事，只是引进一些变化而已。例如增加一些广告预算，或者增添某一个部门的人力等等。然而，就科技进步的8个途径以及信息时代的3种数字加速器而言，增量的改变并无太大意义。现在是时候进行彻底转变，做些完全不一样的事了。不过变革管用吗？请参考以下例子。

◎20世纪90年代初，巴诺连锁书店将消遣娱乐与购书结合在一起，改变了人们购书的方式。但到了90年代中期，亚马逊网络书店则彻底改变了人们购买书籍的模式，这种转变甚至延伸到其他所有商品上。

◎电视台每一季都会更换节目，但是到了2008年，美国人平均每天花在YouTube上的时间比花在黄金时段电视节目上的还多。YouTube通过提供互动平台，彻底改变了人们的观看体验。

◎音乐产业曾经享有巨大的利润，这一霸主地位持续达数十年，后来苹果公司——一个在20世纪90年代中期已失去主流市场的怪异电脑制造商来了。苹果深谙增加带宽、信息处理能力以及储存容量的重要性，这些要素使下载音乐成为可行。苹果公司凭借iPod（2001年推出）以及iTunes线上音乐商店（2003年推出）脱胎换骨，成为一家主宰音乐发行的消费性产品公司。之后苹果乘胜追击，推出了iPhone和iPad。正因为苹果公司从电脑制造商彻底改变为消费性产品制造商，2009年时才得以超越微软，成为全世界收获最高评价的科技公司。这样的耀眼成绩，竟是通过几年前根本不存在的产业（数字音乐下载）而取得的。

亚马逊网络书店使图书销售业彻底转变，而这一连串改变的影响将会涉及整体经济。互联网的到来，只是替即将在未来展开的转型拉开序幕。人工智能将融入每一项你能想到的产品和作业流程中，因为运用人工智能的成本正极速降低。随着感应器和微芯片开始植入火箭飞船、混凝土等各种产品，人工智能必将影响我们生活的每一面。

那么你准备如何变革产业现状？先仔细审视几个关键问题：

（1）科技进步的途径将如何影响我的产业？先检视前述科技进步的 8 个途径，思考你能够如何运用这 8 个转型途径来打造创新的人生或事业。

（2）数字加速器会给我的产业带来什么样的

冲击？仔细看看前述3种数字加速器。你必须找出，有了更强的信息处理能力、更大的带宽和储存容量，你将可能达到什么成就？

（3）预期我所从事的行业会产生什么样的转变？参考在能源、农业、网络和其他领域已经发生的变化，自问：在数字巨轮碾压下，预期你的行业将发生什么样的变化和演进？

（4）我如何结合新旧科技，以取得更好的成果？思考科技驱动的变化时，要记住：最新的突破通常不会完全取代旧有的模式。大多数情况下是新旧并存，顾客可以选取并结合两者的强项。因此，不要理所当然地认为数字科技必然是“二者择一”，数字科技最终很可能是“二者兼具”，也就是成为新旧混合体。

（5）我如何使顾客有能力做到更多他们想做的事？商业界新的金科玉律是：让顾客有能力做到目前他们做不到、但是希望有办法达成的事。要在未来生存和茁壮成长，就要看见未来顾客希望解决的问题，并在顾客意识到自己有这些需求前，提供你的解决方案。记住，你是这个领域的专家。顾客不知道该要求什么，是因为他们不知道目前能办到什么。这正是你增加价值，进而获取价值之处。

关键思维

在这个新时代，商业界有两个重要事实是你不能忽视的：第一，如果有办法做到，就一定会做到；第二，如果你不做，别人就会去做。

——丹尼尔·伯勒斯

我们正处于科技驱动产业变革的时代开端，种种巨变将使我们在过去几十年来所经历的变革，相形之下显得平淡、温和而缓慢。过去，改变很重要；如今，仅是改变已经不够。小幅改变注定会失败，我们需要的是彻底变革。

——丹尼尔·伯勒斯

原则 4　跳出你面临的问题

——撇开表面问题，直捣核心

弄清楚你遭遇的最大问题并加以解决，其关键往往在于：意识到你想要解决的其实是上一代产品的问题。不妨跳过你正面临的问题，把心力用于发掘与解决产业变革后，真正重要的顾客问题。

有时候，我们很容易沉浸于解决眼下的问题，而未能考虑到更攸关大局的议题。你正忙着解决的问题，很可能本来就要被取而代之——就好比大家都开始改用石油驱动的机器，你却还在埋头苦思如何挖出更多的煤。那么，要如何避免这种情况？答案很简单，跳过你认为最严重、最迫切的问题。这样可以释放你的脑力，让你开始针对顾客面临的真正重要问题，努力研究解决方案。

举例来说，许多发展中国家的网络基础设施都十分贫乏。如果这些国家把精力和资金全部用来建设新的基础设施，那么就像把资源投入无底洞一般。有远见的公司会跳过铜质电缆的阶段，而直接在这些国家铺设强大的手机网络。这些颇具创新能力的公司跳过“如何铺设更多的铜质电缆”这个问题，而直接面对真正的挑战：“我们该怎样给他们提供既可使用互联网，又能与外界进行通讯的无线连接？”

正是这种思维使得厄瓜多尔这类国家已经能够给全体人民提供无线宽带连接，反倒是美国还在努力为消费者提供一些基础设施。同样，印度近年来经济蓬勃发展，因为印度的电信公司跳过了光缆那一代产品，直接进入卫星和无线通讯。这些都是直接跳过看似严重迫切的问题，不白费功夫的绝佳例子。

那么你要如何运用这个思维，跳出当下面临的实际问题？基本思路是依循以下步骤：

1. 剥洋葱：将大问题分解成一个个可以处理的小部分。
2. 只专注一个问题：一次专心解决一个问题，持续推进。
3. 跳过鬼门关：看看如何运用科技来解决问题。
4. 不妄下判断：用心评估每个构想的可取之处。
5. 遗留系统的诅咒：仔细检视旧有做法，看看是否能够完全跳过。
6. 跳过稀缺：将以多为贵的思维融入你的策略，而不是以稀为贵。

◎剥洋葱：将你最迫切、最明显的障碍视为只是某个问题的表层。若要直捣问题的核心，就要一遍又一遍自问："这为什么会是个问题？"不断问，直到你剥开问题的核心，找出你真正想要解决的问题。

◎只专注一个问题：一次专心解决一个问题，坚持向前迈进，做不同的尝试。当你努力去做不一样的事情，而不是惊愕呆坐、毫无作为时，好点子就会冒出来。

◎跳过鬼门关：这个时代有各种可能的解决

方案等着你去尝试，而不是在难题面前坐以待毙。比方说，你是不是需要一些好点子来提供新的产品和服务？你可以针对现有顾客进行线上问卷调查，看看他们有何建议。你也可以搜寻其他技术解决方案，以排除你遭遇的困难。如今各行各业都在迅速变化中，不妨好好考虑科技提供的各种可能性。

◎不妄下判断：以免阻碍了创造性的思考。要避免妄下判断并不容易，但只要你审慎评估，通常会有极大收获。在别人看来只是问题，你却经常能从中发现新的机会。

◎遗留系统的诅咒：仔细检视旧有做法，好好想清楚，立刻舍弃旧有做法而迈向未来，成果是否一定会更好？“一童一笔记本电脑计划”正是一个好例子，其目的是给贫穷国家的贫困儿童捐赠一批每台价值 100 美元的笔记本电脑。这个想法值得称赞，但是有更好的做法：用智能手机即可达到相同的效果。手机的制造成本约为 1 美元，而且在持续下降中。一个小小的芯片内嵌到手机上，就可以在墙壁上投射出配有虚拟键盘的数字荧幕。孩子们只要找一面空白墙壁，按下手机上的按键，就可以做一般笔记本电脑会做的事，而成本却有天壤之别——况且他们还能用手机互相联系。这个例子也恰恰展现出至少4个科技进步所带来的冲击：去材料化、移动化、网络化以及整合。

◎跳过稀缺：将以多为贵的思维融入你的策略，因为3种数字加速器正在创造一个以多为贵的世界。以往，工业经济是建立在以稀为贵的核心概念上，但是在数字经济中，分享愈多，知识愈会增加。假设亚马逊愿意免费赠送Kindle电子书阅读器，一定会创造庞大的基本顾客群；而这些顾客受到激励，就会向亚马逊购买大量的电子书。数字经济中的企业全都采用这种做法：先用某项产品建立庞大的免费客户群，然后再通过客户感兴趣的附加服务收取费用。Google就采用了类似做法，它免费提供搜索结果，然后向广告客户收费。以往以稀为贵的思维正迅速被以多为贵的思维所取代。应该想清楚，怎么做才可以跳出你目前面对的问题——说不定那正是以稀为贵的思维方式产生的问题，然后采取以多为贵的策略向前迈进。

原则 5　反其道而行

——大家都往右走时，你该往左走

要触发远见力有一个绝佳的方法，就是留心其他人都往哪个方向走，而你就朝相反方向走。

如何做到这一点？这里提供以下建议：

详细列出竞争对手采取的每一项做法

逐一检视，自问：如果我反其道而行呢

亚马逊并没有试图建立一个更大、更好的实体书店，它反而将实体书店缩小归零，同时强化购买体验。当竞争对手开始尝试同样做法时，亚马逊正好将其多余的技术能力“转借”给他们。亚马逊书店颠覆了传统，可以说亚马逊实际上已是“非”书店了。

同样，星巴克将咖啡彻底转变，使其从廉价的配餐项目提升为一种消费体验。星巴克将咖啡视为消费体验的核心，以此建立了征服全球的咖啡帝国。

归纳出你所在产业目前的思考模式 | 通过逆向操作，寻找新的机会

美式橄榄球超级碗是美国电视广告中最昂贵的时段，一旦决定“砸钱其中”，你理所当然想找最好的、最有创意的广告公司来帮你制作广告，对吧？但是 Doritos 薯片却反其道而行。它策划了一场称为“砸烂超级碗”的比赛，消费者可以自行制作 Doritos 的广告参赛，而获胜者的作品将在超级碗赛程期间在电视上播出。这个策略大获成功，他们最终采用的广告制作成本竟然只有 200 美元。两年后，乐事公司如法炮制，并提供 100 万美元胜出奖金。消费者的回应十分热烈，事隔多年后还在不断向乐事提出广告点子。

把每个问题拆解成若干小部分 | 看看能否逆向思考其中任何一个小部分

2003年，宝洁公司做了一项逆向思考："如果我们能够创造一项产品，可以让人们用冷水而不用热水洗衣服，会不会更好?"到了2005年，汰渍 Coldwater 洗衣液正式问世。洗衣液的价钱与原产品相同，却为消费者每月省下不少家用水电的支出，因而大受欢迎。宝洁公司曾计算过，如果每一个美国家庭都改用此款产品，那么美国就可以达成《京都议定书》目标的8%左右。

绿能科技公司正在开发屋顶风力发电系统，该系统可在平均风速每小时20～22千米的区域，每年产生价值约为2万美元的电力。这些涡轮机高仅7.5米，同时配备3米的叶片，而未采用传统的67.5米风车组。在屋顶安装这种智能系统，就不需要能源传输的基础设施，电力产业因此不用面临将资金大量投入电网的风险。同时电脑会自动调整叶片角度，将运作效率最佳化。

看看一般人说“过去一直都这样”的情况	想想万一那已经过时了，将有何应对方式

大家都知道，加拿大亚伯达省的阿萨巴斯卡油砂中的石油储量与沙特阿拉伯相当，但提炼的成本非常高昂。一种方法是利用深层蒸汽喷射来液化地下的石油，再加以抽取，但这样会产生二氧化碳排放，消耗大量的能源。1980 年，一名学工程的学生建议一种低热处理方法，即在电网结构中钻凿细孔，通过细孔传入电力加热土壤，使温度上升到足以液化石油，进而将其抽吸至地面。这种方法既经济又环保，且不留后患。据估计，这种逆向思考的新炼油方法，未来将可生产大约 2800 亿桶石油，比沙特阿拉伯的石油总储量多了约 30%。

找出自己在公司内部独立负责的工作项目	自问：在这些领域我能跟其他人合作吗？要如何合作

在数字时代，能找到愈多人一起集思广益，就愈能有效解决你的问题。这个做法与旧有模式

完全相左。以往，公司总是想私藏其技术知识，以保持永续的竞争优势。但今天，你可以调整策略，吸取他人教训来达成更大的成果。与他人合作——即使是你的竞争对手，也可以将市场的饼做得更大，让每个人都分到更多。

关键思维

从以稀为贵转为以多为贵的思考模式，从零和博弈转移到百和合作，不只是一个“不错”或“道德”的想法。在21世纪，这就是关乎成败的观念。以稀为贵的思维是：“我私藏我的每一个点子，销售业绩就会超过其他人。”但以多为贵的思维却是：“教导、辅导并分享所有最好的点子，就会创造出一股强大的浪潮，载起所有的船只，让大家都能卖出更多产品。”

——丹尼尔·伯勒斯

从一个以物质（实体资源）为基础的经济，转为以知识（非实体资源）为基础的经济，这个转变已引起财富与成功本质的剧变。原因很简单：与别人分享实体资源，你的店铺生意会衰退；分享知识，你的店铺生意却会蒸蒸日上。

——丹尼尔·伯勒斯

“我们一直都这样做”是走向未来成功的最大绊脚石。今天真正的障碍已不再是技术或材料，而是态度。我们有许多沿袭了数百年甚至上千年的积习，例如维护自尊及保护自我领域，抗拒改变，以及独占知识。在一个以稀为贵的经济体系内，这种态度是生存法则；但在一个以多为贵的经济体系内，这形同自杀。

——丹尼尔·伯勒斯

原则6　重新定义和再创造

——善用自己的独特性

今日，你不能只是偶尔微调商业模式，而是必须一再重塑你的企业。要超过你的竞争对手，你就必须彻底再创造，这是超越对手、保持领先的不二法门。

关键思维

在21世纪，你唯一可依靠的就是不断变革。这意味着你不能走回头路，也不能停滞不前；不能满足于过往的成就，也不能继续做你一直在做的事——即使你尽力做得更好。企业生存的唯一之道，就是不断再创造、重新定义自己。

——丹尼尔·伯勒斯

变革是一个绝对的硬趋势，会慢慢波及整个

经济。随着 8 个科技进步趋势在 3 个数字加速器的帮助下成长，未来的改造与变革机会将不断出现。要确保蓬勃发展，你最好彻底重塑你的事业、你的公司，以及对产品和服务的思维模式。

一旦开始了彻底变革，各种创举都有可能达成。李·艾柯卡和哈尔·斯珀利奇在 1983 年彻底改造了家用旅行车，就是一个很好的例子。他们结合了厢式车与小汽车的特点，想出了 8 人座旅行车的点子，在汽车产业创造了一个杰出的成功故事。这正是远见力的灵光闪现，其根据就是当时婴儿潮一代纷纷成家立业又儿女满堂这个硬趋势，再加上他们的敏锐洞察，了解到人们不希望沿用上一代的做法。在现今这个时代，有更多机会能创造类似成就。电脑信息处理能力一再升级、带宽一再加大、资料储存量一再增多，三者结合所产生的威力，足以让今日世界的所有事物以不同的做法更上层楼。

在你忙着改造一切时，牢记以下几个建议：

（1）不要一味投入竞争，要把心思放在超越对手的方式上——否则别人可能早已用更低的成本，做出更好的产品了。应设法完全超越竞争对手：引进新的模式，在产品价值、顾客体验或你的专业知识上做竞争。应积极寻找能够鹤立鸡群的全新做法。

（2）要改造旧产品，就要思考新功用——照顾危重患者的护士在每次轮班的 13 个小时中，约有 1/3 的时间在与患者的家属沟通。这很自然，但确实占用了护士太多时间，使其无法专注于护理工作。为了解决这个问题，现在有些医院会给患者家属一个呼叫器，并告诉家属："你亲爱的家人病情如有任何变化，我们就会通知你。"研究显示，这种未雨绸缪的做法，让每位护士节省了数小时通过电话向家属报告最新病情变化的时间，也让家属更能掌握患者的情况。如此看来，有各种机会让我们用不一样的做法，把事情做得更好、更有效率。

（3）找出你的核心能力，结合人才来善加发挥——互联网出现后，大多数报纸都开设了网络版，但这不能保证有些报纸不会在新形势下被淘汰。其原因是这些报纸的网络版基本上是在用新技术做原来的事情。没有遭到淘汰的报纸之所以幸存，是因为它们推出了新功能，例如赠阅内容、互动专栏、博客经常更新信息、使用推特等等。未来销路好的报纸，必定是找出了其核心能力，并不断强化、扩充这些元素。

（4）找出可以让你出类拔萃的方法——房地产销售是个成熟的产业，而房屋中介一直在用同样的老方法运作。你能做些什么，让自己在这个领域出类拔萃呢？在此提供一些可能性：

◎设置一个个人网站，来展示每一件不动产。放上每个房间的照片，插入当地景点和名胜等视频，然后让你的网站能以几种不同的语言供大家浏览。

◎免费为新买主提供搬家货车服务。

◎向买主提供当地学校的详细信息，以便为其孩子选择学校。

◎为买主介绍当地最好的清洁服务业者、医师等等。

只要你肯花时间和精力去审视你现在所做的每件事，你会惊喜地发现，有许多机会可以改善你现在的做法并改造你周遭的一切。若你开始利用其中一些机会，你就会脱颖而出。要不断自问："我是在创新，还是只在模仿别人已经在做的事?"一开始尽管复制他人的做法，但之后要加入属于你的不同元素。这是出人头地的唯一途径。

原则 7　主导未来

——掌控方向，先发制人

你要积极打造未来。自己的人生和事业要有一个能使人振奋、充满活力与干劲的远景。不要只是坐看未来的发生——应运用远见力，创造一个你想要也应得的未来。

大部分公司都不肯花时间和精力去创建自己的“远景”——公司和员工对未来的展望。这很可惜，如果没有远景，你能做的只能是对外在事件被动反应。有了精心规划的具体远景，你就可以着手努力，让它慢慢在眼前实现。

关键思维

想休息的时候，我喜欢把我的哈雷摩托停在马路上，然后把车拆开。哈雷摩托有一点特别值得赞赏，就是它没有回动装置。我们也是一样：永远不能重拾过去，只能走向未来。哈雷的后轮装在车身后部，靠引擎提供动力。过去也是这样，它贴在我们身后，我们可以利用它的动能驱动向前。但为我们决定方向的却是前轮，骑过摩托车的人都知道，骑车上路有这个根本法则：你是朝眼睛看着的方向前去。假设路上有块石头，如果你直视它，你就会碾过它。往哪里看就往哪里去，那么你要往哪里看呢？

——丹尼尔·伯勒斯

以目前正塑造你的未来的3股关键力量为核心，建立你的远景：

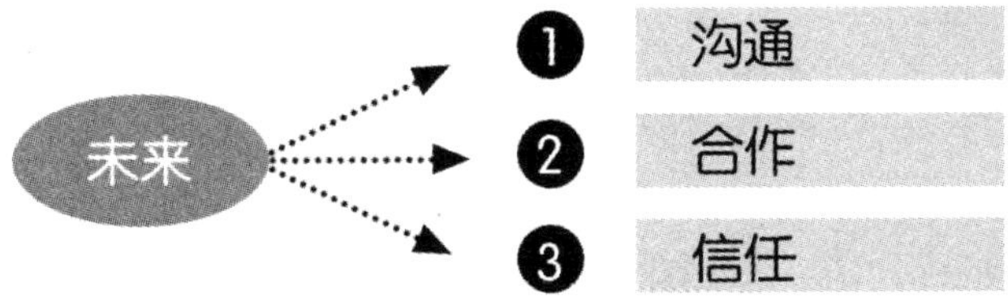

1. 沟通

世界经济正转变为以多为贵而非以稀为贵，迥异于以往的运作模式，这是既简单又不可否认的事实。因此，你与信息的关系也必须改变。未来，价值的建立是靠挖掘及组合原始资料和信息，然后雕琢成较高形式的智慧和知识。

过去，资料和信息的供应十分短缺，只要提供原始信息，就能相应地提供价值。早期的旅行社、股票经纪人、房地产经纪人等都是利用这个商业模式。今天，人人都有渠道取得想要的资料。未来要增加价值，就得想清楚如何才能提供知识（信息和实用技术）或者智慧（从知识中提炼出指导原则的能力），也就是沟通方式。

必须开发更多方法，将智慧和知识传递给与你交流沟通的人士，以此建立你的未来。

2. 合作

合作建立在真诚的双向交流基础上，与别人合作时，你不只是包容迁就他们，你们还要携手共同想出某个点子。这个点子要真的比单靠个人资源所能得出的更好。把合作纳入你的未来计划中。要增加价值，就要持续构想和创造更好的方法，让自己更善于与他人合作。

3. 信任

信任将在你的未来扮演重要角色。在今天的网络世界中，如果你有违客户的信任，所有人都会知道此不良记录。要建立信任，你的运作必须公开透明，尤其要信守承诺。在数字经济中，你与客户可能从来没有见过面，信任就是一切的黏合剂。

把信任放在未来计划最重要的位置上，除非更改计划能促进客户的信任，否则不要轻易做任何变动。比方说，给新客户较低的价格已不再是可接受的做法，你已有的客户会很快发现你的意图，而感觉自己上当受骗了。发展远景时，要把建立信任作为核心要素。

当你期待更积极地引导未来时，你会发现，即使我们使用的工具不断变化，人的本质却不会变。当然，我们每个人可使用的沟通和合作工具都是前所未有的功能强大。我们在改造工具的同时也必须改造自己，舍弃以稀为贵的观念，而采用以多为贵的思维巩固未来。

如果你真的想打造你的未来，建议你每周挪出 1 小时，来培养自己前瞻的远见力。不妨把这个时间定为“明日研究室时间”，让自己暂且抛开当下面临的挑战，而开始探索你可见的未来。利用这个时间去思考：

◎未来的硬趋势和软趋势。

◎科技进步 8 个途径的效应。

◎3 种数字加速器的冲击。

◎如何运用触发远见力的 7 大原则。

◎你在未来要克服的问题。

关键思维

这种大规模的全球变革一定会发生——现在已经是进行时了。这股浪潮在改变一切。如果你缺乏远见力，你原有的成就可能会被摧毁；如果你拥有远见力，你的成功就可期，机会就会无限。

——丹尼尔·伯勒斯

未来在发酵

Inevitable Surprises

Thinking Ahead in a Time of Turbulence

原著作者简介

彼得·施瓦茨（Peter Schwartz），毕业于美国纽约州伦斯勒理工学院，是著名的未来学家，也是精于情景规划的商业策略专家。施瓦茨是全球商业网络的共同创办人兼董事长，艾尔他创投公司合伙人，曾负责皇家壳牌石油公司情景规划事务。施瓦茨著有《情景规划》一书，与人合著有《长期荣景》《好公司做坏事》以及《中国的未来》等书。

本文编译：庄靖

主要内容

5分钟摘要

洞悉未来趋势

关于未来，唯一可以预料的就是会有许多意外发生。现在可以研究的是塑造这些意外的力量。一旦了解这些力量，就能增强你应对变局的能力，也能让你掌握原本可能错过的商机。因此，要为未来做准备，就必须先了解塑造未来商业环境的关键因素。

可以预见未来会发生下列 7 种不可避免的“惊人变化”：

未来不可避免的重大趋势

1. 人类的寿命会大幅提高
2. 全新的移民模式出现
3. 全球经济会长期上扬
4. 世界各国会分化为三大集团
5. 地缘政治冲突会持续影响世界局势
6. 科学技术会有惊人的发展
7. 环境主义会成为全球最重要的课题

由于我们可以预见所有这些惊人变化，即使还不清楚其影响，也应该未雨绸缪，洞察先机。

一 人类的寿命会大幅提高

未来的银发族会更加积极地参与主流社会的活动，不再离群索居或被迫退休。企业界必须针对人口组成的改变预做调整。

这股趋势是三种不同发展的自然结果：

(1) 人类平均寿命继续提高——人类平均死亡年龄，由 20 世纪 50 年代的 60 岁提高到 2003 年的 77 岁。医学的进步使得新一代人的寿命比上一代提高了 5%～10%。由于未来医学界在人类基因组图谱及其他领域上的努力，银发族缠身的许多疾病（如癌症、阿尔茨海默症、糖尿病、脑性麻痹及心脏病）都可有效治疗，人类平均寿命也可望朝 120 岁迈进。

(2) 银发族健康状况大幅改善——纳米技术、生命科技和药理学研究，加上在各临床领域实验时的意外发现，出现了许多抗衰老药物。另外，在不久的将来，人工脏器的移植和其他突破也将为老年性疾病提供更长效的治疗。因此很少人在 60 岁时会觉得有退休的必要，他们甚至能在职场继续活跃二三十年。

（3）银发族仍然参与经济建设——银发族依旧活跃，不但可担任指点后辈的导师，也可直接参与贡献。另一方面，许多银发族的退休金或养老金已足以负担生活开销，却依然选择继续工作，原因并非出于经济上的需要，而是想回馈社会。许多国家开始重新思考“退休”的观念，退休年龄的限制也不再有其必要性。所谓的退休年龄，原本是在人体力上已无法胜任劳动而订出的标准。未来各国政府在筹措经费支付养老金的压力下，会倾向于取消强迫退休年龄制度，银发族也会群起反对强迫退休。在这两股压力下，世界各国会取消退休年龄的限制。

在人类平均寿命提高的同时，各国出生率也在下降。许多妇女延后生养子女，子女数量减少。随年轻人口减少，年轻人影响社会的力量减弱，也就无法再像以往那般引领社会流行趋势。这会造成下列影响：

（1）过去雇主比较不愿意雇用年长员工，未来趋势却正好相反。为什么？因为年纪较长的员工只需较少的训练就能发挥较大的生产力；面对顾客时，他们也有更好的判断能力。

（2）许多知识工作者会在50岁或年纪更大时开创新的事业生涯，并运用先前培养的所有技能再创造利润，实现远景。

（3）许多银发族会自行创业，贴补退休后收入，以至于形成小企业创业热潮，经济发展更加强劲。

（4）更多的银发族会主动管理自己的健康医疗事宜——银发族会预作打算，先行住进疗养院，而非等事态危急后被送进医院。愈来愈多的人会选择提高品质的生活方式，而非仅大病来袭时的被动疗护准备。

（5）目前七八十岁的这一代人会留给子孙兆级美元的遗产——慈善事业和初创企业的投资会大幅增加。

（6）以银发族为对象的商机大增。不论是高消费层次的度假旅行，还是医疗支援服务，都会有很大发展。此外，针对 50 岁以上消费者的汽车、服饰和娱乐业，也都会蓬勃发展。

（7）凡是鼓励银发族就业的国家，都能获得更高的生产力。

关键思维

社会银发化已经成为发达国家的常态，年长公民的人数比以往更多，若以人口比例追踪，其变化更为显著。目前市场上已经出现了一系列针对银发族的商机，从退休养老房屋到私人健康疗护、旅游和休闲度假事业。年长公民的信托和赠予也成为世界慈善事业资金最重要的来源。虽然如此，65 岁以上的银发族依然被隔绝于主流社会之外，备受忽视。一般人总觉得银发族已经不具有生产力，而且独居，对生活安排的优先顺序也和年轻人不同。这一切都将改变。未来的银发族会更加融入主流文化，这种转变已经开始，我相信它将影响未来每个人的日常生活。

——彼得·施瓦茨

过去的人往往年纪愈大愈趋保守，因为他们已经习惯既有的世界观。如今我们拥有数量极其庞大的上一代，他们拥有前所未有的财富与健康，而且习惯不停地学习，在一生中多次再创新局。他们将继续主宰许多组织机构，其中可能也包括政坛。我相信未来大多数银发族会更具有冒险精神与实验精神。

——彼得·施瓦茨

二　全新的移民模式出现

未来将会出现一股恒久不断的移民潮，这些移民由欠发达国家涌向机会较多的发达国家。这股涌向北美、东亚和欧洲的移民风潮，可能成为推动经济成长或促使世界动乱的推手。究竟是朝哪个方向发展，目前还不得而知。

移民的本质就是文化的改变。为了提高生活品质，人们从一个国家迁往另一个国家。不管是加强边境监管、实行严厉的移民政策，还是采用其他控制手段，都难以生效，人只要下定决心，就会义无反顾地找出一切方法（不论合法与否），移居到理想的国度。

在未来，下列国家和地区会是移民的三大目的地：

1. 中国

目前中国有两大移民趋势：

（1）中国内地适婚年龄的男性明显多于女性，许多男性会赴越南、菲律宾、马来西亚和印度等地去找对象。这些人婚后会返回中国生养子女，因此造成大量的新移民。

（2）数以百万计的农民自农村涌向城市找工作。约有六成的农村人口会成为城市移民。

综合来说，中国正努力规划和推行良好的管理政策来推进城市化进程，以让人民能够离开农村到城市安居乐业。但此过程是相当困难的，如果做得好，中国的经济增长率会出现大跃进，进而出现数量庞大的新中产阶级；若不能处理好这样的转变，衍生的社会压力会是广泛而深远的。

2. 美国

到 2025 年，白人会成为美国的少数族裔。不论目前掌权人采取什么样的措施，早期移民美国的拉丁美洲裔、亚裔及其他种族族群都会因为教育和文化的熏陶，而上任具有影响力和决策力的职位，成为大企业、非营利组织和政府各部门的领导人。

美国会真正面临多种族社会的考验，在理想的情形下，新移民的优点和价值将融入传统的“美国价值”中。然而各移民有自身的价值观，这使得融合的难度更高。如果新移民的价值观被强行替换，那么这种融合和协调将是相当困难的考验。

不过，无论怎么变，英语在美国的主导地位不会改变，美国依然是以英语为主要语言的国家。一如现在英语中有许多西班牙语元素一样，美国语境会继续纳入其他语种的词语、术语和概念，但英语还是美国的通用语言。

关键思维

一如对中国，移民也是对美国的一种考验。美国能否发展成为不崇尚“独大文化”的多种族族裔社会？能否突破不同“认同族群”各自为政的局面？是否真能让不同种族、不同宗教、不同观点的人融合，组成具备各种元素的和谐国度？这是一种全新考验，而且已经展开。我们唯有乐观以待。

——彼得·施瓦茨

3. 欧洲

自20世纪60年代起，数以百万计的伊斯兰教徒涌入欧洲，未来还会有数百万人经由合法或非法渠道迁入。到2025年，欧洲各大城市都会出现大量的穆斯林族群，真正的问题也出现了，这些新移民如何融入新国家？

欧洲与美国不同，几乎没有民族融合进入主流社会的经验。欧洲经常出现反移民的情绪，造成政治上的紧张。因此未来可预见的情况是，欧洲人民会呈现两极分化的趋势：一派支持多元种族，另一派则公开反对穆斯林族群或移民。

了解了这点后，欧洲的经贸、政治领导人应

该做到下列几点：

(1) 不可逃避问题——应该开始规划处理移民潮的策略。

(2) 努力提升新移民人口的素质——对惠及儿童并成人移民的教育进行投资。

(3) 了解有的移民在生产力上会有所贡献，有的则相反——必须采取一些措施，支援辅导有生产力的移民，限制可能贡献较小的移民进入。

关键思维

处理移民问题的最好方式是让其乐于待在母国，降低其移民动机。促进移民母国的经济成长、繁荣、稳定与自由，即协助这些积弱不振的国家振兴经济——正如美国的墨西哥政策，至少自 1994 年签订《北美自由贸易协定》以来，成效卓著。

——彼得·施瓦茨

移民潮演变到如今的洪水之势，正好可以测

试一下我们的机会理论。你是否相信潜力无限之说，也就是财富可以创造更多的财富，且可以无限发展？若是如此，那么你应该拥护移民进入，因为移民来到新国家，可以协助新国家发展。若你认为社会的财富有限，社会存在阶级之分，有人在上，有人在下，那么你必然视移民为恶，因为一个移民家庭改善了自己的生活，其他现有居民的生活必然会降至下一个社会阶级。

——彼得·施瓦茨

三　全球经济会长期上扬

尽管短期内全球经济走缓，长期展望却是乐观的，尤其是即将来临的长期上扬，可惠及全球数十亿人跻身中产阶级。从目前显示的基本经济条件来看，未来的长期上扬已蓄势待发。

为什么对世界经济的展望可以如此乐观？这绝非一厢情愿的想法。经济的长期上扬即将出现基于下列三项理由：

（1）生产力提升——职业经理人愈来愈擅长运用电脑，能顺利处理更多的工作。全球几乎所有产业都在稳定地提升品质，降低成本。研究显示，目前的生产力以年平均 2.3％的速度提高，这样的数字足以保证每 25 年就能使生活水平提高一倍。还有通讯力的增强、信用卡的使用、全球定位卫星的投入运用、新的信贷方式、投资工具的使用以及具有高文化水准和创意的经理人和零售业者都会对生产力的提升作出贡献。

（2）全球化带来效益——更多国家加紧整合贸易、就业等方面的供需平衡，以使人人受惠。全球化也使得更多国家奋起直追，以赶上自由市场的领导者——美国。随着更多国家从全球化中获益，未来人们会更加拥护全球化，进而带来更多的经济利益。

（3）全球商业基础建设正在改进——在许多国家，企业较容易获得更高的生产力，企业信心增强，创意蓬勃发展。

要追求生产力，各企业需要下列良好的基础建设加以配合：

◎可靠的电力供应系统。

◎完备的空运系统。

◎顺畅的道路运输和物流系统。

◎获得财经专业知识和金融服务能力的渠道。

◎良好的信息传输系统。

如今，全球的企业都有条件取得这些软硬件，这不再是老牌工业国家的专有权利。这也意味着更多的人有能力给他人制作并提供产品或服务，因而有机会扩大市场，增加营收。

整体来看，这三项因素能够保证世界经济未来几十年的持续稳定发展，尽管一路上也可能会有疲软的阶段，但长期趋势绝对是积极乐观的。愈来愈多的国家会了解如何善用全球化来改进本国的经济基础建设，因此未来这些国家的成长还会更快速。这样的良性循环将使今天所得的利益能够在未来获取更多的回报。

当然，经济的长期上扬并不代表不会有偶发的重大经济危机。危机依旧会发生，股市行情依然有起有落。传统企业接受了新科技的洗礼，仍旧会有赢家和输家。这些全都是资本主义架构的正常运作，而非弱点。

关键思维

在充满变数的世界中，有什么是我们可以信赖的？我们可以依靠的事物有很多，但在任何动荡的环境中，必须记住最重要的三个原则：第一，未来还会有更多出人意料的事物；第二，我们具备处理这些惊人变化的能力；第三，我们可以预测其中的许多发展。其实，我们甚至可以描绘出这些事物的发展趋势。虽然我们未必能预估这些事物发生的顺序，还有它们对我们的影响，但总归能预料到这许多变数的发生。

——彼得·施瓦茨

未来数十年间，人们会面对许多不可避免的惊人变化：经济、政治和社会版图的重新调整，每个领域都会改变自己的“游戏规则”。可以预见，未来会比现在有更多的意外发展，这些发展都彼此相关，其共同作用会在未来引领大家进入一个和现在世界截然不同的新世界。不论国家领袖、产业领导者，还是只关心家庭或社群未来的个人，当下作决策的关键都是要洞察先机。我们或许不能防范变局的发生，但却能提升应对变局及掌握先机的能力。

——彼得·施瓦茨

面对不可避免的惊人变化，人们会出现两种不同的自然反应，而两者都可能造成决策错误。第一种是“排斥”，就是拒绝相信不可避免的变局竟然会发生，这或许是出现变局时最危险的反应。第二种是“防卫”，努力抵御变局给自己带来的影响。能克制“排斥”和“防卫”反应的人，就能在动荡的世界中掌握自己的命运。要实现这样的转变，就需要洞察先机，预先准备应对策略。不管是个人、组织还是社会，当前的最大挑战就是掌控不断增强的力量，避免被卷走。

——彼得·施瓦茨

四　世界各国会分化为三大集团

未来数年，世界各国会分化为三大集团：

◎美国成为唯一的超级霸权。

◎基于共同法律制度结合起来的有序国家联盟。

◎支持恐怖主义的失序国家。

这样的集团分化会形成真正的“新世界秩序”。

未来的地缘政治会视下列三大集团间的互动而有所变化：

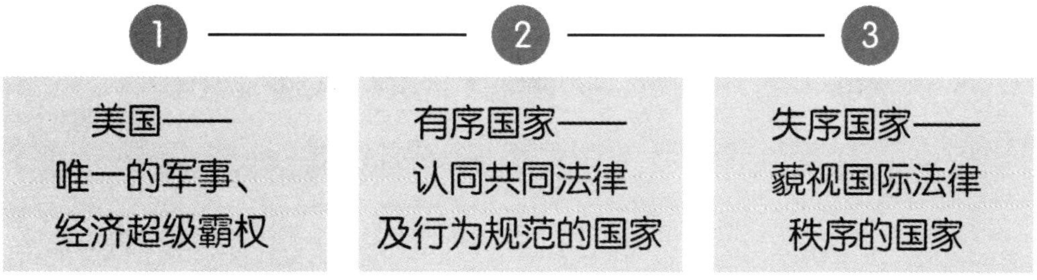

1. 美国

美国拥有足够的军事实力，可以先发制人，因此美国可能认为自己有权先攻击未来可能的敌人，而非等到遭受攻击后再反击。这种做法与传统上美国尊重法治（不论对内对外）、绝不先行攻击的态度截然不同，这主要是受到“九一一”恐怖袭击事件的影响。未来观察的重点是，身为超级霸权的美国如何面对权力带来的机遇与挑战。

关键思维

不论是否乐意，美国都不得不担负起高科技全球警察的角色，尽管美国未必适合扮演这样的角色。美国政府提出必须靠国际监督来防范恐怖主义，美国或许早已朝此方向发展了。

——彼得·施瓦茨

2. 有序国家

第二个集团是世界的有序国家，这些国家愿意遵守国际规范，采取协商来避免战争发生。这些国家的经济稳定且自给自足，也了解合作要比单打独斗有更大的益处。最有可能发生的情况是，一些大国加大与欧盟的合作，如中国、印度等，接着其他经济繁荣的小国也会看出联盟的好处。促成合作的是那些即将成为中国中产阶级的四五亿人口，以及印度即将出现的三亿中产阶级人口。许多其他国家会与这个联盟合作，为这个庞大市场提供产品与服务。

关键思维

这些有序国家总有意见相左的时候，例如中国和印度间的紧张关系依然会存在，但却不再是意识形态的差异，而是利益的冲突。大家都想在更大的国际体制之下谋求更多利益，而这个庞大的国际体制会以更高的道德权威为归依。未来

5～10年，联合国为实践其理想，必须承受比以往更大的压力。驱策联合国的不再是会员国中的强势国家，而是这些有序国家。如果联合国无法满足这些国家的利益，它们就可能通过自己的力量创造另一组织来替代联合国行使权利。

——彼得·施瓦茨

3. 失序国家

最后是不遵循国际法规的国家，包括过于腐败、因内战四分五裂或积弱不振无法加入有序国家集团的国家。这些失序国家甚至可能没有具体疆界，而由一些如基地组织等团体所组成。这些国家根本不在乎人类福祉，因此会毫不迟疑地选择其他国家绝不会使用的方式为所欲为，比如恐怖主义、化学战、生化恐怖攻击或核武器等。一如基地组织发动的“九一一”恐怖袭击事件，擅长以“美国制”的科技——不论是基础建设还是民航机，反过来攻击美国。

关键思维

寄望未来能生活在没有恐怖袭击世界中的人恐怕要失望了。未来大概也很难有防范恐怖袭击的方法，尤其是在有自杀式袭击者的情况下。“九一一”恐怖袭击事件已经彻底改变了历史，目前仅能确认的是，有一小群一意孤行的人，他们愿意为自己的主张牺牲生命，以造成大范围的严重破坏为目标。

——彼得·施瓦茨

对恐怖主义最好的应对，就是不予理会，否则可能正中恐怖分子下怀。不幸的是，我们不可能忽视恐怖主义，而这正是来自恶意且逐渐失序世界所带来的不可避免的灾难。

——彼得·施瓦茨

发展只能依靠一个国家在其内部实现。国家发展需要有相应的政策，这些政策必须由内部制订实行，而非外部强行施加。

——彼得·施瓦茨

五　地缘政治冲突会持续影响世界局势

未来25年，全球不太可能变成一个更和平的安全世界，更可能会因失序国家的恐怖主义、犯罪、疾病和饥荒而出现形形色色的问题。美国和其他有序国家如何应对这些问题，会主宰未来世界经济的发展。

失序国家最有可能造成以下几种后果：

（1）恐怖主义持续作祟——成为举世最难以预测的力量。恐怖主义可能使世界陷入瘫痪，让全球居民都感到恐慌。虽然大家会呼吁对恐怖主义采取行动，实际上却不会有任何具体或有影响力的动作。恐怖主义的威胁依然是举世最具破坏性的力量。

（2）会出现激进的伊斯兰主义——尤其是在多年来以腐败、专制而声名狼藉的国家和地区。

激进的伊斯兰组织将企图夺取国家政权并掌控石油收入，且会有一个或多个国家夺权成功，进而迫使世界各国政府不得不做出选择。

（3）基督教新教派会渗入非洲、拉丁美洲及亚洲的失序国家——伊斯兰教徒和新的基督教徒会发生比言语之争更严重的冲突，可能挑起内战，让各国再分裂成以宗教信仰区分的更多小国。美国和其他有序国家再一次面临要支持哪一方的抉择。

（4）墨西哥必须选定方向，是要跻身有序国家，还是要成为毒品产业的龙头老大——这会对美国造成莫大的影响，因为美墨经济息息相关。如果墨西哥持续进步，那么在未来25年会有令人耳目一新的发展；若走上走私贩毒和生产毒品之路，则必然会走向沉沦。

（5）里海沿岸国家——阿塞拜疆、土库曼斯坦、哈萨克斯坦等国必须作出决定，是加入有序国家还是继续由“罪恶领主”把持？这些国家都拥有迄今尚未开采的丰富石油资源，而世界上各石油公司无法决定该与现有政权谈判开采事宜，还是要等到更稳定的政权出现。

（6）大部分非洲国家（南非除外）都会退出全球经济体系——重新回到部落化的生活方式。这会造成大规模的人类悲剧，联合国不得不重新制订非洲大陆的再殖民政策，一切重新开始。

（7）艾滋病仍然是全球的重大问题——艾滋病会造成数亿名孤儿。此外，罹患艾滋病的高风险人群会有意无意地忽略安全的性行为及针头的使用，以至于恶性循环会继续下去。面对触目惊心的孤儿人数，有序国家和美国会有所行动，赞助失序国家的医疗设施，提升其医疗水准。

简而言之，未来世界不会风平浪静，许多国家都会在加入和退出世界经济间来回摆荡，美国政府如何对待其他国家，会成为政治角力的焦点。若美国忽略这些小国的利益，那么国际紧张形势会日益严重、混乱日增；若美国和其他有序国家加强与这些较小国家的合作，世界将出现新秩序，全球经济会扩张，贸易会得到促进。

关键思维

网络交流频繁、金融交易热络、媒体交流自由、社会安全稳定的地方，一般都有稳定的政府和高水平的生活。我称这样的世界为“运转的核心”或“核心”。全球化程度愈低，就愈可能出现专制政权、普遍的贫穷、疾病、杀人犯罪。更严重的是，长期冲突会成为孕育下一代恐怖分子的温床。这样的世界，我则称之为“分裂的鸿沟”或“鸿沟”。

——托马斯·巴奈特，经济学者

未来未必会受限于过去。失序及其可怕后果是无可避免的，有些地方如非洲，注定遭受惨痛的折磨，但有些地方的未来还不确定，比如大部分拉丁美洲国家就常在有序与失序间摆荡，未来无疑需要这些国家确定方向。我们不可能准确预测哪些国家能安然度过这样的转变，但有些值得观察的重要指标：比如，这个国家艾滋病的应对情形如何？另一个明确指标是留学生的情况，每年都有大量外国学生赴美留学，这些留学生归国的比例有多高？最后，美国政府对这些国家的态度更是重要指标。美国的经济财富与战略地位对一些国家的繁荣和失序会有决定性的影响。美国与其他国家间的紧张状况若持续加重，失序国家的数量就会增加；美国若与其他有序国家联手协助失序国家，则可能为全球繁荣增加动力，未来前景就会较为乐观。我们总有保持乐观的理由，因为有许多因素会促使美国更加开放、更有活力、更有担当。

——彼得·施瓦茨

六　科学技术会有惊人的发展

未来，科学技术必然会飞快发展。一如理论科学在过去几十年间的种种突破，在未来也会有出人意表的突破性进展。现阶段，我们只能揣测这些新发展将把社会带往何方。

过去，只要出现下列四项因素的强强联手，科学技术就会有所突破：

◎引人注目的科学发现——如科学家已经发现宇宙扩张的速度比预期的要快，这意味着有比重力更强的力量存在。

◎新工具诞生，进而可以量化从未探测过的自然现象——比如太空望远镜，或是探测伽马射线及X光的更先进仪器。

◎科学家之间迅速而有效的沟通——这是互联网的专长。

◎重视科学研究的政策与经济架构——为科学研究者提供合理的保障和报酬。

目前这四大因素全都存在，为科学技术发展和突破输入源源不绝的动力。这些突破会发生自下列三个舞台：

第一个舞台——进行中的科学技术突破

（1）纳米技术——提供感应器和给药系统，给医药界带来大变革。纳米技术也会提供可以改变物体色彩、形状、质地和形式的新材料，会有极重要的商业用途。

（2）语音识别——人们对此系统终会司空见惯。同时电脑业会继续依摩尔定律发展，亦即每隔 18～24 月，其应用能力就增强一倍。

（3）电脑和感应器的联结——政府可以时时刻刻监控各类人的活动。这会对犯罪组织产生致命影响，同时也会带来更多有关隐私权的热烈争议。

（4）医学界将有希望控制人类老化、生殖和疾病预防等领域。也就是说，未来人类在这些领域会更有主动权。

第二个舞台——新科学技术的突破

（1）生物产业大发展——促使各产业开发新材料，制造新生物化学制品。这些生物产业的发展均涉及分子工程学，同样的科学也可以应用在人类组织的再生或修补上，让人类生长出新器官或肢体，取代因疾病或意外而丧失的部分身体组织或器官。这一切会带来实际商机。

（2）生物化学会延伸至分子层面——量身打造和设计分子。应用这样的技术，就可以轻松生产各种平价材料，引领新时代的工业革命。

（3）量子计算机可能出现——就像由晶体管进步到迷你芯片般的爆炸式发展。量子计算机处理信息的速度将远大于现有电脑，因此能正确运算难度颇高的数学问题，掌控极为复杂的系统，如蛋白质折叠系统（借以了解蛋白质分子的合成原理）、基因设计、模拟气候和人工智能等。如果量子计算可行，那么 2020 年的电脑会比 2003 年的电脑功能强一亿倍。运算能力的增强，可让人类展望得更深远。

第三个舞台——能源、地球和太空

（1）若有能与重力相抗衡的宇宙力量存在，这种能源就有可能运用在小型装置仪器中——让人们能以最低的成本运行各种电力设施，且不会影响环境。若这样的想法成真，能源科技的观念就会产生大规模的改变，也会对当今能源产业造成巨大影响。

（2）信息理论和物理学可通过量子计算机之力融合——让我们更进一步了解“地球密码”。若能了解地球是如何展开的，说不定就能重新设计人类所居住的世界。理论上，这可开启“心灵传送”之门，至少可以提供方法，让人类修复对地球生态系统所造成的破坏。

（3）太空旅行会再度兴起——运送人类及材料离开地球大气层的推进系统蓬勃发展，到 2030

年，月球上很可能就有接纳旅客的设施，人们能赴太空度假。而且，比现在更多的国家会参与太空探险。

关键思维

送人类上火星的太空任务可望成为牵引一切太空发展的力量，让全球的有序国家全都投入这项大规模的计划。若物理学发展够快，那么人们甚至可以实现“殖民”火星这样宏伟的梦想。由于受限于光速，天文物理学者已经放弃星际飞行这样的想法。照目前的物理学发展情形，不可能有比光速更快的速度，因此即使要到太阳系中离地球最近的行星，所花的时间也会太久。然而未来的新物理模型可能告诉我们，更快的速度是可行的，我们有可能畅想并且构思方法来进行星际旅行。虽然目前尚无这样的模型，但在理论科学的领域中，界限永远可以被突破。

——彼得·施瓦茨

七　环境主义会成为全球最重要的课题

毫无疑问，这是个好消息。有愈来愈多的证据显示，随着人们对环境的重视，地球的状况正日渐改善。不过这并不代表我们可以就此松懈下来，因为在这个领域还有许多更重大的挑战和严苛的考验。

下列环境与健康议题会成为人们未来瞩目的焦点：

（1）地球人口将达到 90 亿高峰，然后下降——关于粮食不够的可怕预言并不会成真。

（2）国家愈富裕，环境就愈干净——人民会要求政府加强环保。较富裕的国家也有较多资金，可用来投资发展较新、较干净的科技。这个问题的挑战是要协助贫穷国家保护环境及改善生态。

（3）因为能源短缺和景气循环交替，未来能源价格会出现多次高涨的情形——但再生能源的使用会普及。风力、太阳能、生物资源及以氢为主的能源电池都会成为绿色能源的主流。

（4）小规模电厂可用于商业用途——商业大楼及小型社区都可运用能源电池、涡轮发电机或小型电厂自行发电。同时，甲醇能源电池也会成为手提电子设备的标准能源配备。

（5）核能电厂将会克服技术上的不利因素而被广泛利用。

（6）政府会受到压力，以环保为第一要务——政府可通过减税、低息贷款及其他税务上的有利条件，鼓励厂商应用环保科技。消费者也以购买环保产品来支持这项努力。

（7）全球气候发生剧变——部分是因为温室效应，部分则是因为气候的长期发展趋势。虽然人人都在谈“全球变暖”的议题，却鲜有人了解背后真相，只简单知道间冰期的结束会导致气候发生重大变化。这种变化可能：

◎影响交通与基础建设。

◎影响农作物的种植。

◎带来长期水患。

◎孕育更多病毒和疾病。

◎影响航运。

◎使海平面升高，对低地国家造成威胁。

◎影响移民模式。

◎影响新能源的生产。

（8）可能会出现新的传染病——全球性传染病，造成如1918年的流行性感冒和后来的艾滋病大流行。这些疾病会对社会造成巨大冲击。

（9）迟早会有小行星撞上地球——造成全球性的影响。

那么，我们该怎么做才能未雨绸缪，应对未来不可避免的意外？尽管没有特定的做法，但根据一般性常识，大家可以采取下列合理行动：

（1）组成情报网——和身边的人一起注意并

讨论世界大事。

（2）培养危机感——留意事件的发生速度，预做准备，而非在事情发生后才有所反应。

（3）设定“预警信号”或“预警事件”——及时采取行动，这样就不会因反应迟缓而丧失行动力。

（4）检讨、自省——舍弃“参照过去”为未来做准备的惯例和观念。

（5）不逃避或忽视未来可能发生的意外——采取积极主动的态度，面对现实。

（6）学习期货公司的思考与行动——在繁荣之际，为萧条时期预做准备。打消掉年年都有好收获的想法，因为事实并非如此。繁荣时创造的盈余，能在不景气时用以支持。

（7）坚守自己的本行——避开诱惑，不要一头栽进自己完全不懂的其他专业领域。追求本行的成功，不因外在机会而分心。

（8）重视学习——未来有价值的工作都以知

识挂帅。

（9）在环保方面自给自足——让企业占尽优势。

（10）为企业员工预做安全防护措施——未来的风险是无法准确预估的。

（11）开发个人网络人脉——运用其他人的专业技术帮助处理即将面对的意外。

点“米”成金

在 10^{-9} 米之间发现明日商机

The Next Big Thing Is Really Small

Nanotechnology and the Future of Big Business

原著作者简介

杰克·乌德里奇（Jack Uldrich），纳米技术咨询机构“纳米真理集团”总裁，曾担任美国明尼苏达州策略暨长期计划办公室副主任和国防部政策分析师。

黛比·纽伯里（Deb Newberry），商业顾问和核物理学家，发表过数篇关于纳米技术的报告。纽伯里曾担任美国电力与电子工程学会和航空业协会的领导职务。

本文编译：陈智文

主要内容

5分钟摘要

高达 1 兆美元的明日巨星

纳米技术就是直接运用原子、分子构造更好的材料、仪器和系统的技术。在今后可见的数年内，纳米技术将带来大量新材料，可直接应用于多种产业，例如制造、保健、能源、农业、通讯、交通运输和电子等产业。待 21 世纪头 20 年结束，纳米技术产品和服务的市场规模可达 1 兆美元，并创造 80 万到 200 万个新工作机会。

换句话说，纳米技术产品的出现与商业化将冲击各个产业，剧烈改变整体商业趋势。这位明日巨星将席卷市场，因此每个人都需要了解纳米技术。

每个行业
都必须了解的
纳米技术

1. 纳米技术是什么
2. 为何对商业如此重要
3. 有哪些投资者
4. 纳米技术的进展
5. 有哪些可预见的发展
6. 现在应该采取什么行动

关键思维

纳米技术对人类健康、财富及生命的影响，至少等于20世纪微电子、医学影像、计算机辅助工程和人造聚合物等技术对人类产生的影响总和。

——理查德·斯莫利

1996年诺贝尔化学奖得主之一

由于纳米技术，我们会在未来30年看到人类文明的改变，其数量将远超整个20世纪。

——迈克尔·洛可

美国国家科学基金会纳米技术资深顾问

一 纳米技术是什么

1 纳米是 10 亿分之 1 米，在这种尺度下，便有可能控制单一原子和分子，创造出具有特定性质的材料和仪器。纳米技术的重要性在于，可以在某种特定状态下创造、发展新材料，而不会受制于原料的自然生成条件。

纳米技术是一门学习如何在原子或分子的微观维度下，运用与重新排列物质的技术和科学。英文“纳米”中“nano”代表 10 亿分之 1 个单位，或以 10^{-9}表示。1 纳米相当于人类 1 根头发宽度的 7.5 万分之 1，1 个 DNA 分子大约是 2.5 纳米宽。

纳米技术是一门跨学科的科学技术，涵盖领域从化学、物理、工程、生物科技、材料科学到信息科学。正因如此，许多从未和专业领域外人士合作过的科学家，现在也因为纳米技术展开了交流与合作，结果带来了惊人的创新概念，并导致了市场和产品的新融合。如今有了纳米技术一个领域的发展，就可在另一个看似不相干的领域产生十分惊人的后续效应，纳米技术正以如此方式促成数个产业的聚合。

厌倦了层出不穷的夸大形容和各种突破的生意人，会觉得这一股纳米热似乎不太可信，但纳米技术绝非那种遥不可及的理论。从 20 世纪 80 年代起，在原子水平观察物质的工具就持续在改进，“扫描探针显微镜”（IBM 于 1981 年发明）能移动和操控单一原子和分子，“核磁共振光谱仪”则可确定分子立体结构，“纳米操控器”可以移动原子和分子，以及“物理蒸汽合成法”可大量生产独特的纳米级物质，该物质具有任何自然材料都无法具备的特殊物理性质——这些科技现在都已成熟应用。

纳米技术的潜在利益非常惊人，可带来下列

改变：

◎新的纳米建筑材料可依顾客所需设计特性，而非单纯接受自然界现有材料。这对全球4600亿美元的塑胶产业、美国570亿美元的钢铁产业和270亿美元的玻璃产业会产生一连串效应。

◎180亿美元的化妆品产业会随持久型唇膏、全新色彩睫毛膏、成分完全透明的防晒霜等纳米新产品的出现而完全改观。

◎有机材料如玻璃，能在原子状态下和无机材料结合，制造出大尺寸、便宜的平面显示器等产品。同时，纳米技术可能将电脑芯片的尺寸缩小100倍，同时使电脑运算能力增加1万倍，纳米技术将对价值5500亿的全球电子市场产生巨大冲击。

◎如果忧郁症、肥胖症、阿尔茨海默症和其他疾病的“分子治疗”技术成真，1.7兆美元的保健产业会出现巨变，要是人类寿命因此延长，这项冲击会扩及价值900亿美元的美国保险产业。再者，如果医疗研究人员更了解人体运作方式，那么就连骨质疏松、癌症或艾滋病都有可能出现新疗法，这又会冲击1800亿美元的医药产业。

◎纳米技术制造方式在合成物质时，仅需使用必要的原料而不需使用化学成分，这样便可降低对生态环境的污染。以纳米技术为基础的制造业，就可以变成“最干净又最环保”的产业。

◎对消费者而言，未来有机会订购符合自己特殊喜好的产品，不用受限于制造商只生产容易大量贩卖的大众产品。这或许就像在早晨冲泡一杯咖啡因较高的咖啡，而其他时间改喝不同口味的咖啡一样自由且简单。

总之，纳米技术有能力创造非一般自然环境下产生的材料，对商业界而言，这绝对是颠覆性革命。

关键思维

纳米技术给了我们利用大自然（原子和分子）玩出不同花样“终极玩具盒”的工具，可以创造组合所有的事物，因此未来创造新事物的可能性将不可限量。

——霍斯特·施特默

1998年诺贝尔物理学奖得主之一

纳米技术会促使企业重新思考自己的核心事业是什么，竞争者是谁，工作团队需要哪些技能，要如何训练员工，以及如何实施长期策略计划和未来设想。这并不表示纳米技术是遥远、含糊不清的未来派科技，纳米技术早已在现今经济体系中“建功立业”了。现在服装业开始感受到纳米技术的影响，例如美国著名户外用品品牌Eddie Bauer，已运用内嵌微粒制造出抗污垢卡其布。这项看似简单的革新不只会影响穿卡其布料衣服的人，还包括干洗业者。干洗业者的生意会衰退，连带洗洁剂产品销售速度也会减缓，去污剂这类产品的顾客跟着大幅减少。这种精细且恰当的低科技纳米技术应用只是冰山一角，而这座冰山却足以撞沉那些号称“永不沉没”的大公司。

——杰克·乌德里奇　黛比·纽伯里

二　为何对商业如此重要

由于纳米技术带来了数量惊人的新原料，因此除改变了产业科技架构外，也彻底改变了商机的基本性质。简言之，纳米技术会改变大多数甚至所有产业所谓的标准作业程序。

为了完全获得纳米技术的优势，许多企业需要与大学院校、研究机构开展更为密切的关系合作。如此一来，便可以避免错失任何可供商业化应用的新材料，并确保事业不会走错方向。

更具体来说，纳米技术会直接冲击商业领域的6个方面：

1. 员工报酬和奖励制度

目前，大多数公司都以员工和部门的成就作为报酬制度的基础，纳米技术跨越各学科领域的本质，使得这些报酬和奖励制度无法鼓励跨越众多传统领域的新提案；此外，纳米技术的成熟和普及需要过程，在此过程中，想要吸引并留住高技术人才，就必须实行以创新为基础的报酬制度。同样，以下行为也需要新的奖励方式：

◎开发纳米技术促成的新市场。

◎找出增加现有顾客满意度的新方法。

◎建立新的伙伴和团队协议。

◎抓住新顾客，辨识出社会新需求。

2. 人才招募和支援

由于纳米技术模糊了各学科间的许多传统区别，企业会需要不同类型的员工。举例来说，除了硅晶基础系统，电脑制造商还可能需要雇用生物学家帮忙开发生物科技相关系统，公司现任经理人（可能具有较强的传统学科背景）将难以看出两者的新关系。企业也需要提升现有训练计划，让员工具备处理新材料的能力。

3. 评估企业和竞争对手的优势

在纳米技术时代，连评估竞争对手优势这样

的事都会变得更具挑战性。企业不能再假设竞争对手会继续采取与自己相同的路线，而有必要试验并确定竞争对手朝哪种新技术方向迈进。同时，企业也会奔走于如何最有效地利用核心优势和能力，以进入新开启的市场。这样的新做法可能涉及下列几件事：

◎引进外部专家的关键技术。

◎从产业外寻找新思路。

◎留意新兴的消费者趋势。

◎注意公司的科学家和工程师在做什么。

◎在产品中融入纳米技术。

◎分析外国竞争对手的动态。

◎追踪科技报告中的突破性进展。

4. 投资研发工作

传统上，多数企业把绝大部分预算花在“发展”上，而极小部分用于“研发”，这种情形必须有所改变。企业必须参与基础研究才能主导进展。最实际的做法是，与拥有最先进纳米技术实验室的当地大学建立各种伙伴关系。除了参与程度外，企业也必须分配资源以持续追踪纳米技术领域的进展。新进展会日新月异，所以企业必须注意下列几件事：

◎现行不同纳米技术的成熟度。

◎个别科技的潜在营收冲击。

◎竞争对手投资在各类技术上的程度。

5. 策略计划

通常来说，企业会试水投资能在未来 2 到 5 年内带来获利的科技或研究计划，但这种投资方式并不适用于纳米技术，针对这个领域，从业者必须更有耐心。一般而言，以纳米技术为基础的产品必须要等 10 年以上才会为公司带进可观收益。企业不只要延长公司的策略计划，也必须规划新的成功基准。纳米技术产品不会像传统产品一样在 3 年内获利，因此有种折中的解决方法，就是把开发计划拨给分公司或新公司，如此，现有公司就能回应华尔街的压力，分公司或新公司也可取得创投资金。到最后，分公司或新公司将可在营收起飞后取代母公司。

6. 标准程序和教学方法

随着产品结合更多的纳米技术，企业必须施行下列几项改变：

◎制造程序。必须采用新的或调整过的设备，以便适当地处理新材料。

◎员工训练计划和使用说明。根据多年经验，精心调整和有效施行的训练计划将不再有效。企业必须配备新的技术，为员工准备特殊的训练计划。此外，还需要新的技术手册和使用说明。

◎品质管控。由于纳米技术操控对象是原子和分子，因此会需要更高标准的品质管控。同样，纳米技术的跨学科本质也显示出，当大规模商业生产来临时，企业增加新的品控标准是尤为必要的。

关键思维

毫无疑问，非纳米企业的繁荣仍会继续，但只有其中少数几家完全不受纳米技术的影响，多数仍会受到不同程度的影响。在纳米技术下，企业会成为大熔炉，带来的不只是人类族群的多元化，还包括技术的多元化——所有科学来一次大融合，剧烈地改变彼此。但由于纳米技术仍处于萌芽阶段，没有任何范例可供依循怎样将其与事业恰当结合，还有很多企业仍不知道该如何着手进行。

——杰克·乌德里奇　黛比·纽伯里

三　有哪些投资者

世界上主要国家和许多大型企业都在积极投资纳米技术。以美国为例，政府投资在纳米技术上的金额已从2000年的4.22亿美元增加到2003年的7.1亿美元。大型企业的投资则是政府的2倍，创投业者也在加快对纳米技术的投资。

1. 政府机关

以下为积极投资纳米技术的几个主要国家：

◎7.1亿美元（仅2003年）——美国。

◎4.65亿美元/年——日本。

◎2亿美元/年——韩国。

◎3.1亿美元/年——中国。

◎1.2亿美元/年——加拿大。

◎1亿美元/年——以色列。

◎5000万美元/年——澳大利亚。

正如许多其他新兴科技，纳米技术一开始大都用在军事应用研究上，如能监控健康状况并解除化学武器毒性的军装材料等。部分国家的政府机关也为了增加经济的未来发展机会，而积极投资纳米技术。

美国联邦政府在2001年选定6个卓越的纳米技术中心，每个中心分别获得1200万美元的科研发展基金。此外，美国政府也是许多纳米技术材料的忠实买主——为国家航空航天局及其他应用领域买单。通过政府主导方式培育纳米技术市场，可望降低价格，让每个人都更容易走近纳米技术。

关键思维

不论学术界还是产业界均普遍认为：21世纪将由纳米技术来主导，就如同“微技术”主导了过去四分之一个世纪一样。

——查尔斯·坎贝尔

华盛顿大学纳米技术中心主任

纳米技术的整体社会冲击度预期会比硅晶大得多，因为纳米技术的应用领域远不止电子界。

——2000 年美国国家科学与科技委员会报告

2. 大型企业

许多公司都不愿透露太多相关信息，唯独惠普公司已公开声明，该公司的长期研发支出绝大部分都将用在纳米技术上。IBM、朗讯、礼来、默克、葛兰素史克、雅培、杜邦、陶氏化工、通用、霍尼韦尔、摩托罗拉、埃克森石油、升阳系统、英特尔、应用材料、雷神、伊士曼柯达、3M、德州仪器、全录、康宁、洛克威尔科学公司、洛克希德马丁动力公司等企业，也都积极投入纳米领域。

若干全球性公司，如 BASF（全球最大化工公司）、西门子、汉克化学公司、赫斯特生化公司、德固赛化学药剂生产商和三星公司，也已经宣布投资纳米技术。戴姆勒、大众、丰田和通用汽车于2001年宣布，开始使用重量轻、抗刮且防锈的纳米汽车零件。在日本，日立、富士通、东丽工业、三菱、三井和朝日玻璃等公司都宣布，将在纳米研究机构和开发计划上投资数千万美元。

3. 创投业者

全世界几乎每天都会有几家纳米技术新创公司成立，大型创投公司投资纳米技术领域的比例也与日俱增。更有趣的是，有几家公司甚至有意共同投资一些处于起步阶段的纳米技术公司。

以下为一些已经接受创投业者资助的纳米技术公司：

◎ Arryx——致力于开发一种用激光控制数千个微细物件的新科技。

◎ Carbon Nanotechnologies——生产纳米碳管，一直在为IBM生产纳米碳管。

◎ Molecular Imprints——生产超高解析度平版印刷工具。

◎ Nanomuscle——以纳米技术制造能在不同的条件下发生形变的记忆合金。

◎ Nanosphere——生产临床诊断系统和纳米微粒探测设备。

◎ Nanosys——精通纳米电缆、纳米感应器和混合塑胶太阳能电池的制造技术。

◎ Nantero——制造一种高密度、稳定的随机存取器，速度快于现有科技的产品。

◎ Quantum Dot Corporation——生产一种纳米结晶体，能给药物研究员提供更好的药物测试能力。

◎ Zyvex Corporation——开发未来纳米技术研究所需要的纳米等级设备。

◎ ZettaCore——为微电子产业开发超密集、低功率的分子记忆芯片。

◎ Ntera——制造具备“纸张品质”的显示器。

关键思维

从政府机关、大型企业和创投公司投入的数十亿美元，到纳米技术的已有成果，再到科学家、研究人员及创业者获得的“血汗股权”，无不证明了这项科学是真实的，近期的商业应用也是认真的，还有这项事业的前景无疑是光明的。

——杰克·乌德里奇　黛比·纽伯里

四　纳米技术的进展

纳米技术早已开始改变许多产品的面貌，其中有不少是传统产品，例如塑胶地板、窗户、涂料、镜子、钻头、润滑油、激光打印机等。某些公司已经开始尝试把纳米技术应用在实体世界，以建立竞争优势。

纳米技术已经开始在许多产业建立稳固的立足点，以下为一些案例：

◎IBM 在 2002 年宣布了一项代号为“Millipede”的研究项目，这是一种新的电脑资料储存设备，利用纳米技术增加电脑存储器的储存空间，容量比 2002 年初市面上的同类型产品高出 40 倍。这项前瞻性的基础研究会让人们有条件通过个人电脑进入大型信息图书馆数据库。资料储存单价可望从每百万位元的 11.54 美元，降至每十亿位元的不到1美分。

◎ Nanophase Technologie 已经推出一种纳米微粒制成的塑胶地板涂料，保证永久防裂、防刮，同时具备类似大理石光泽的外漆。同样的科技还可用在屋顶材料、柜台桌面和许多其他产品上面。

◎ Cerax Nanowax 研制出一种用于雪橇和滑雪板底的纳米微粒保养蜡，这种保养蜡能防水，同时还能增加速度和可操控性。在奥运会、NASCAR 大赛、环法自由车大赛和美国杯等运动赛事中发挥了很大作用。

◎ 德国公司 Nanogate，把纳米微粒用在水槽和马桶设计上，创造出具备防刮和抗污功效的产品。

◎ 美国空军正在开发一种纳米润滑油，能在超出传统润滑油温度限制的超高温环境中运作。美国海军则在开发抗锈及降低阻力的纳米微粒涂料，以减少燃料和维修需求。如果成功，那么这种涂料会增加10%的燃料效率，这会为航空母舰的供能养护带来很大的节省空间。此外，约98%的全球贸易是利用海上运输，这样一来海运成本也可降低10%，其连带影响会是相当惊人且深远的。

◎杜邦公司以一种新的纳米微粒作为其精制过程的催化剂，单在2001年就省下2600万美元。

◎日本Toto公司正在销售表面涂有二氧化钛的建筑磁砖，永远不需要年度清洗或重新粉刷。另一家公司Nippon将相同材料用在高级房车的镜子表层，以达到防雾效果。中国香港的研究者还把氧化钛置入混凝土中以对抗空气污染，能去除城市空气中的亚硝酸。

◎欧莱雅和兰蔻把纳米微粒用在乳液和护发产品里，改善保养品渗透性和去除污垢的效果，让保养品以合理方式滋润肌肤和头发。

◎Technanogy生产的铝纳米微粒，作为航天飞机的燃料添加物，可使燃烧率提高 30 倍，有助于降低发射器上太空的成本。

◎ Nano - Tex 给 Lee Jeans 和 Eddie Bauer 等服饰公司提供抗污渍布料，这种布料也能用在地毯、家具和窗帘的制作上。

◎ Nanomuscle 正与 Hasbro 合作推出一种通电后能利用数百万个“纳米肌肉”（一种微型驱动马达）产生动能的新玩具。“纳米肌肉”是种含有水晶、体积超小的仪器，能改变形状，能取代小型马达。这项科技的重要性远超过玩具市场的应用，因为一般家庭（从冰箱到电脑等用品）平均有 50 个小型马达，一辆汽车内部有超过 100 个小型马达。“纳米肌肉”有可能完全取代这些马达。

◎ Nancor 正在销售一种用于包装的纳米材料，可抗拒湿气、化学气体、瓦斯和溶剂。这种材料也能用于汽车零件、包装箱、工具和玩具上，进而创造出惊人利益。重要的是，这种材料能直接在现有的制造设备上加工。

◎InMat是家制造纳米合成材料的公司，所制造的纳米材料能让网球保持两倍距离的弹力。

◎Nanodyne利用纳米结构的碳化钨制造超坚硬的钻头，这些钻头的强硬度是普通钻头的两倍，因此使用寿命延长了许多。

◎以色列的Nanopower公司向美国国家航空航天局提供一种纳米级粉末，它置入合成聚合物后，能让较轻的塑胶物质具备和金属一样的防辐射特性。最初这种材料可让航天飞机变得比较轻，降低发射成本。后来波音和空中巴士使用它制造更省油的新一代飞机，接下来该材料还会用在捷豹或雷克萨斯等高级房车上，最后普及到各种级别的汽车上。单单这种纳米材料的市场，在2011年就达到了3400亿美元的规模。

关键思维

事实是，纳米技术已经存在，未来只会更加明确。如果一家历史悠久、信誉卓著的企业，如IBM，都能为一项新科技甘冒巨大风险，那么你是不是也能？更重要的是，你能承担不这么做的后果吗？

——杰克·乌德里奇　黛比·纽伯里

五 有哪些可预见的发展

未来可预见的纳米技术突破会分阶段出现，具体如下：

◎第一阶段。随着新设备和新知识扩展到市场上愈来愈多的企业，纳米技术会变得更快、更小、更便宜且更好。

◎第二阶段。大量的纳米技术开始涌进并影响市场，这些技术上的革新将改变经济面貌，冲击半导体、出版、广告、食品和服装等产业，会给这些产业造成永久的转变。

◎第三阶段。纳米技术会进一步掌控整个经济。全球大部分（90％或更高）具有经济附加价值的商业活动会以纳米技术产品为中心，并整合所有纳米技术产品。

◎第四阶段。随着不断发现的纳米技术新用

途，世界将变得更小、更聪明。从前被视为科幻小说内容的奇想，都会在未来成真。

第一阶段

纳米技术产品的基础生产设备会更加完备，有更多公司会投资纳米技术产品化所需的工具和设备，以下是这一阶段重要的商业化发展情况：

◎由于更加了解各种疾病的作用方式，因此将会有数量庞大的新药上市。

◎会提升早期疾病检测的能力，这表示将出现更好的治疗方式，进而提高人类整体的健康水平。

◎纳米感应器将广泛用在检测居民居住区、水源保护区等地的毒物。

◎可实施纳米治疗的仪器将对糖尿病、骨质疏松、艾滋病、哮喘和癌症等疾病的治疗产生巨大冲击，病患将开始采取有用的预防措施，而不是被动等到这些健康问题严重爆发时才处理。

◎燃料电池得到跨越式发展（通过使用纳米

薄膜材料），足够支持房屋和商业建筑所需电力，并且愈来愈普及。燃料电池科技也将为移动电子仪器提供效用更大的电池。

◎能清除空气污染的升级版纳米滤材将上市。

◎纳米尺寸的镜片和滤光器将加入光纤电缆内，大幅提升其效率，使得全球都能享受大规模的高速宽频通讯。

第二阶段

会有数量庞大的纳米技术产品进入市场，毫无疑问这些产品将会改变整个经济环境。例如：

◎速度超越硅晶电脑处理器许多倍的超级芯片将问世，这些芯片将用在功能更强的手机上，提升记忆储存装置和高效率光纤通讯网络的效能。无线通讯装置将更广泛地用于仪器或用品中，让这些产品变得更聪明，在经济上也更行得通。

◎塑胶半导体将出现。这些产品将进一步创造电子纸张（能够无限更新每日报纸或杂志的内容）、电子告示牌（能够瞬间改变）、智能型家用设备和更多产品。

◎纳碳管和纳米电缆将开始用于电脑设计，可大幅提高其处理功率，使电脑应用能力超越当前——长期天气预测、生态系统模拟、搜寻大型资料库、声音辨识都能进行，并且改善许多效率欠佳的情况。举例来说，农夫若能确切知道即将降雨，就能延后灌溉计划。

◎所有新“精品”材料都可能问世，例如，专为那些在高危险环境下工作的专业人员或担心遭受恐怖攻击的人士开发的，质轻且无法穿透的服装材料。还有新的软式小型飞船，能比现在更有效率地载运太空货物，从而降低发射卫星的成本，增加卫星信息传输效率。建筑业也会使用到这些纳米材料，建造能够抵挡地震和强风的桥梁，或能够改变颜色，在夏季反射热气、在冬季留住温度的住宅。

◎纳米微粒或许能用在清洁环境、降低水源

及其他物质的毒素污染上，甚至可以用来包覆辐射性废物，消除其对环境的影响。

◎纳米尺寸的药物注射器可以植入患者体内，在最适当的时间段内释放出正确的剂量，进而提高疗效。类似的装置也可以用来提供维生素等营养补充剂，提高身体免疫力或营养素吸收率。

关键思维

这些发展或许听似荒诞古怪或不切实际，但每一项科技都在开发进行中。事实上，这些科技新品距离问世的时间只有3～5年，这表示你必须立刻将这些发展纳入长期计划。

——杰克·乌德里奇　黛比·纽伯里

很难想象未来有产业不会受到纳米技术的影响。

——大卫·毕绍

朗讯科技 MEMS 研究主任

第三阶段

进入这个阶段，许多科学会有进一步的发展，因为研究人员已经使用纳米技术工具多年了。对纳米层级的物质运作有了更深层的了解，许多疾病的新治疗方式得以出现。所有较普遍的医疗问题将成为可控制和可治疗的，甚至可能研发出对毒瘾或烟瘾的治疗手段。至少，监测各种疾病早期症状的纳米感应器有彻底革新保健产业的潜力。

能立即发现疾病的家庭用自我检测设备也会出现。这些设备使用极小的纳米感应器，可放在牙刷里，或无痛地植入手臂，病患可轻松获得自我诊断和治疗的所有必要工具，而无需医师介入。保健并非纳米感应器的唯一用途，任何有价值的东西都可以嵌入纳米感应器，以达到追踪和安全的目的。就连田野中生长的农作物也适用这些感应器，如此农民便可决定最适合的收割时机。同样，具备纳米感应器的汽车也能精确追踪尾气排放。

农业专家将使用纳米技术更详尽地研究植物基因学，进而培育出需水量较少，或能在不毛之地上丰收的农作物。这将对世界粮食产量带来重大的后续效应，更多的农作物供给将拉低其价格，更多农作物也能在多环境范围内生长，这将大幅降低运输成本，甚至可能将许多疾病的疫苗直接加入农作物内，直接提高人们的免疫力。

纳米技术也会大幅改善太阳能技术，新的纳米材料和装置有可能将太阳能电池效能提升50％。到这个程度，太阳能将成为一项轻松可用的能源来源，甚至在那些终年阴雨的城市也会发挥作用。当新进展与燃料电池相结合后，将不再需要连结它们的电力网络。住家、办公室甚至汽车，都将成为能源制造者而非能源消费者，这些惊人的逆转会改变人们购买能源供给的模式。

关键思维

国家科学基金会纳米技术资深顾问迈克尔·洛可曾预测过，待21世纪头10年结束，以纳米技术为基础的照明技术新发展，有可能减少全球能源消费的10%，相当于节省了1000亿美元以上的支出，并减少了2亿吨二氧化碳的排放。结果，这些预测很多已经得到验证了。

——杰克·乌德里奇　黛比·纽伯里

纳米结构象征革命性新时代的开始，展现出我们应用物质的能力，其成果必然有益于全人类福祉。

——世界科技评估中心报告

第四阶段

关键思维

将来的某一天，普通群众都可能使用上自修复材料、涂抹在屋顶上的太阳能电池、自动驾驶的汽车、人工心脏、无限的清洁用水，甚至能逆转老化。这些构想都是根据可信的科学推测的，并且极有可能实现。

——杰克·乌德里奇　黛比·纽伯里

十几年来对纳米技术的研究与应用，促使这项科技进一步向外拓展：

◎将出现带有纳米感应器的新材料，能源来源将可自修复。除了应用在航天器等特殊方面外，这些材料也可广泛应用在汽车、桥梁、建筑、窗户和服装等方面。

◎把纳米尺寸的太阳能电池置入涂料内的可能性相当高，使得建筑物能直接吸收所需的太阳能。微型化也会促成容错电脑出现，取代飞机、汽车或外太空探测船的人工操作。

◎纳米技术将使人类的所有器官都能自行再生，这会对平均寿命有深远的影响，能迅速增加百岁以上人类的数量。纳米医学或许也能使老化过程暂停甚至逆转，其他可能的进展包括先进的染色体替换、阿尔茨海默症病患的神经元压缩，或受伤脊椎神经恢复和人工红细胞治疗等。

◎在2015年到2020年之间，以纳米电子为基础的电脑运算能力有可能接近人类，这将有望使精密复杂的虚拟学习等产品出现和销售，并使网络即时示范及其他更多功能得以实现。目前以知识为基础的活动（如分析和选股）将转移到机器上，事实上，届时大多数知识工作者必须改变为客户提供价值的方式。

◎目前的第三世界国家在未来15年到20年间，将能够在一定程度上取得需要的能源、教育和健康照顾资源。这将如何改变全球政治形势仍属未知，但毫无疑问，这将拉近穷国和富国之间的差距。

◎纳米技术的"圣杯"是建造一个自我装配器——一种将未加工的原子物质变成任何想要物品的装置，如一辆法拉利跑车或一份菲力牛排。但这项构想的背后有某些严肃的科学，也有一些技术性挑战，这种装置的实现绝非易事。举例来说，结合或分裂原子都需要相当大的能量，再加上其他问题，使得有用的自我装配器不太可能成真，但目前仍有若干组织正投入庞大的资金来开发这个自我装配器。

六　现在应该采取什么行动

显然，企业此时此刻就应该开始计划要如何利用纳米技术的优势，否则等到纳米技术完全发挥对经济的影响时，很容易因措手不及而被淘汰出局。

未来，纳米技术会引导出数百种新产品和市场运作方式，这会是种间断性发展，是渐进式而非革命性的演进。然而，不会只因为纳米技术提供了更优良的产品，消费者就会立刻改变消费行为，全面“拥抱”这项科技的优势发挥。另一项未知是，政府机关要如何应对这些新科技带给现有技术和产业的挑战，尤其是那些构成现有税收基石的中坚产业。

一般来说，消费者会抗拒改变，除非有非常强烈的理由。在这层顾虑下，纳米技术产品的市场进入会是一项负面影响因素，某些地区和文化甚至不允许创新，因此很难预测要如何在这些不同意见间取得平衡。

更令人困惑的是，某个问题有可能同时出现两种以上的纳米技术解决方案，也很难预测最后哪种解决方案会胜出。例如，某种技术性较低的解决方案可能因为社会的接受度较高，并非因为较完备而受青睐。这项议题会出现太多可能的变数。

以下为可能出现的几项新典范：

◎保健和制药业的焦点会从疾病治疗转向疾病预防。

◎能源供给商转向商用客户，家用客户将不再是潜在客户而是潜在竞争者（因为家用客户有自产式纳米能源的鼎力支持）。

◎制造商会从“广撒网式”产品供给，转而找出顾客的精确需求，并根据明确的需求生产产品。

◎电子产业会离开那些由数百亿美元打造的芯片制造厂，搬到可以“种出”未来芯片的地方。

◎各大学、学院学科之间的区分会逐渐模糊，分科学习生物学、物理学、化学或电脑科学变得不再有其必要性，教育界在适应这种新形势时会有一定程度的无所适从。

◎能想到的每项产业，几乎都会因为便宜、效用强大的电脑，廉价且普及的感应器，迅速、全覆盖式的通讯能力的出现，历经彻底的改变。

虽然这一切不会在未来几年内立刻实现，但一个引人注目的新时代即将来临，这是再明确不过的。纳米技术会启动全球有史以来最伟大的变动力量，这应该是趟有趣的历程。

关键思维

任何有效、先进的科技都无异于魔法。

——亚瑟·克拉克，知名作家

2001 年有 180 项与纳米技术有关的专利，1999 年只有 45 项，1989 年甚至是零。价值 4700 美元的《纳米技术研究报告》发现，2000 年“纳米技术”一词出现在专业文章和期刊中的次数高达 1800 次，这个数字和“互联网”一词在 20 世纪 90 年代初期，网络风潮尚未爆发并改变商业经营面貌时，出现的次数相当。或许听来有点过度吹嘘，然而毫无疑问，未来几年会出现庞大的“纳米疯”（这绝大部分要归功于大众媒体，用极端推测的内容，报道纳米技术有非常长期的潜力，引导群众认为纳米技术已经唾手可得）。但纳米技术的背后也有着非常严肃和谨慎的科学，这或许是《商业周刊》将纳米技术列入“十大值得观察的科技名单”，以及《红鲱鱼》《科学》《福布斯》《技术评论》等刊物也纷纷大幅报道探讨纳米技术的原因。

——杰克・乌德里奇　黛比・纽伯里

问题不是纳米技术能否发生，而是何时全面

实现。纳米技术促进所有现代工业的进步，且现在正在发生中。今天被视为 10 年后才会出现的新进展，到明天可能就前进到 5 年以后。因此，现在开始思考个人和事业在未来几年会有何种改变并不算早。因为在许多方面，纳米技术不会只是下一件大事，而会成为未来每一件事。

——杰克·乌德里奇　黛比·纽伯里

如果想在这场新革命性的领域中占有先机和全面优势，人们必须开始用不寻常的方式进行思考。

纳米渊源

早在 20 世纪 70 年代，科学家们即开始了超小物质的研究，也就是所谓的超细粒子研究。超细粒子的大小多半为微米尺寸，微米是长度的单位。1 微米为 100 万分之 1 米，再小的长度单位就是纳米。所以在 20 世纪 80 年代开启的超小物质研究，自然成为纳米尺度材料（即所谓纳米材料）的研究。但研究者也发现，许多纳米材料的物理性质已与同一材料普通尺寸的物质大不相同，既不能用传统物理（即古典物理，如力学、电磁学）解释，也不能用量子物理（20 世纪初期发展出的物理理论，用来解释原子、分子与电子的行为）解释。传统物理能解释的物质整体行为，多半属于宏观行为，而量子物理能解释的原子、分子与电子行为，则属于微观行为。纳米尺寸刚好介于普通尺寸与原子尺寸之间。

20 世纪 90 年代后，由纳米技术发展出的新史观——介观物理，将主导纳米技术或纳米材料衍生的应用。现今世界各先进国家为了在这场新世代产业革命中抢得先机，无不积极投入大量金钱与人力。除了纳米技术本身的诱人前景外，现在纳米技术的发展速度同样令人吃惊且引起国际注目，如单电子电晶体与传统电晶体不同之处在于，单电子电晶体控制一个个电子的运动，传统电晶体则控制整个电流的运动。单电子电晶体仅能在低温下发挥功能，若能在室温下工作，单电子电晶体将能发挥强大的作用。

早在1959年，著名物理学家、诺贝尔物理学奖得主费曼曾想过，如果有朝一日能把百科全书全储存在一根针大小的空间内，并能移动原子，那么这会为科学带来些什么？1981年，位于IBM瑞士研究室的宾宁与罗雷尔发明扫描隧道显微镜，主要是利用一根探针的针尖探测物体表面结构。此仪器可轻易观测到物体表面的原子排列，6年后，这两位科学家荣获诺贝尔物理学奖。又过了3年，伊格在美国IBM公司利用扫描隧道显微镜探针，将原子拼写出“I、B、M”三个英文字母，这是人类首次操纵原子，运用原子或分子制造机器已不再是梦想。由此开启了微小世界里人为技术的操作，也开启了纳米科学和纳米技术的新纪元，虽然纳米技术还有一大段路要走，但其成为新世纪主导科学的先驱已是不争的事实。

回应与讨论

从壁虎到纳米技术运用

文/苏宗粲

“你会因为喜欢纳米技术而指定选购某一件商品吗?”

“不可能因为不懂纳米技术，就放弃某一件喜欢的商品吧?!”

“讨厌纳米技术? 对不起，那可能以后什么商品都买不到，因为纳米技术是无所不在的!”

纳米技术并非神乎其技，但绝对是股新潮流趋势

纳米是长度的单位，代表一种极其细微的尺度，以科学算法论是 10 亿分之 1 米。在实验室里可以把“1 纳米”和“1 米”之间的关系，比拟为“一颗玻璃弹珠”和“一个地球”，如此具体描述可以帮助大众了解 1 纳米的大小。自 20 世纪 80 年代起，由于科学测量技术的进步，例如扫描隧道显微镜、原子力显微镜及近场光学显微镜等分析仪器的发明，科学家从“纳米尺度”分析及操控原子、分子所需的“眼睛”与“手指”纷纷出现，使得实验与理论能相互验证，纳米“介观”的特殊现象逐渐为人类所了解。这是纳米技术的普及化过程。纳米技术不是高深莫测的科技技术，在不久的将来，纳米技术将无所不在，每个人都必须正视这项趋势。

纳米和壁虎爬墙

科学家探索与市场需求的持续交流，使得纳米尺度的新特性已在下列领域突显出来：

◎作用力。

◎量子限域效应。

◎尺寸效应。

◎表面/界面效应。

◎生物磁性。

◎透明性。

一些商家也将纳米尺度下表现出的特殊物理

性质，延伸出纳米技术的商品化新貌。壁虎爬墙是纳米尺度在作用力方面的有趣个案。壁虎是家中最常见的小爬虫之一，在天花板、墙壁间爬上爬下，看到昆虫就快速爬行，用长长的舌头把虫子卷进口中，大饱口福。在以前的观念中，都以为壁虎脚上有吸盘，因此才不会在爬行时掉下来。事实上，当科学家翻开壁虎脚底时，并没有发现吸盘，但是用显微镜观察时却看到一根根细毛，科学家估算，壁虎脚底有 650 万根细毛，每根细毛又可分成数百根更细的纳米结构分支。斯坦福大学以特殊显微量器测量出壁虎脚底的每根细毛可支撑 20 毫克的重量，100 万根便可举起 20 公斤，每根细毛利用分子间彼此吸引的范德华力与各种物体表面黏着，可支持的重量累积起来相当可观。而范德华力正是纳米尺度下形成的作用力之一。在此理论下，壁虎与天花板、墙壁间有很好的黏性，所以壁虎的脚能轻易黏住天花板，并支撑自己身体的重量。当要移动时，只需呈30度角拔起或抬起脚，就可以轻松实现。

运用壁虎足底纳米尺度的黏性灵感，聪明的商人制造出创新胶带，让消费者能使用到黏性好又没有用久失效困扰的胶带。所以我在对科学种子教师演讲时，会继续讲述壁虎胶带的故事，请老师多让学生以科学理论为基础，导入灵活创新点子，想出更多让纳米技术转为商机的可行性创意。

从隐藏机密到有形商机

由于上世纪80年代观测仪器的进步，大家对纳米技术有了更明确的认识。事实上，早在80年代前，纳米技术就已存在于大众生活中，只是受限于某些因素而未被突显出来。

以下为我国发现的个案：从美国进口的某品牌碳黑材料，对轮胎的自补强性是其他品牌无法比拟的，因此该产品价格就算比较贵也能称霸市场。直到后来，科学家在实验室通过先进显微仪器分析该产品成分时，发现其中含有纳米级粉末，是此纳米级粉末造就了橡胶如此的优良效能。多半基于商业竞争的关系，美国之前不愿透露轮胎制造过程及材料成分，所以才能掌握最大的商业优势。后来由于全球研发技术的升级，纳米技术不再为少数人把持，多领域的参与和解释衍生出更广泛的应用，这正是纳米技术走进日常生活的途径。

还有产业以纳米级粉末作为涂料，运用于摩托车的外壳烤漆，这样车子不会被轻易刮伤，这样的产品也被厂商标榜为“纳米摩托车”，名字听起来就很具前瞻性；另一项纳米级涂料个案，则是运用在家用涂料含铅量测量仪上。过去碍于技术限制，几乎没有简易并可靠的测试方法——X光测试设备太贵，又得有专业人员操作。由于纳米测量仪的问世，情况有了很大改变，过去的问题都可迎刃而解，更为相关试剂产品带来巨大商机。

再者，由“量子限域效应”引发的商机，为

化妆品和试剂两大市场带来了无限宽广的新局面。澳大利亚 APT 和日本 SDK 新推出的抗紫外线化妆品，就同时运用 Maxlight FTS 和 Maxlight ZS，以不同能级和尺度的纳米粉末含量，发挥阻挡紫外线中的 UV－B、UV－A 等强大功能，预估 4 年内的市场销售量，每年可达近百万美元。纳米级的试剂产品，则是医疗机构非常期待的新方向，因为其可在数分钟内诊断出感染性疾病，许多国家都希望能把这项技术导入急诊室，让医生能够掌握救治病人的黄金期。

纳米技术的操控技术是商机所在

通过上述胶带、化妆品、试剂等案例，大家应该可以体会到，纳米技术也是一种商品应用的新过程，纳米技术可以用来提升产品的附加价值，并通过创新构想研发出更多的新商品，食、衣、住、行、育、乐，各个领域都可以导入纳米技术。但是，我要再次重申，对纳米技术不应有扭曲和夸张，“客户不是买纳米技术，而是买商品。”要是商品不够创新、不具有附加价值，即使取了个纳米名称，充其量也不过是噱头而已。

善用纳米技术，商品化才有可能成形。所谓的“善用”，重点在于“操控”，在纳米尺度下适当地操控原子、分子，并活用纳米尺度下表现出的特殊物理特性、化学特性和生物特性，开发创新材料、元件和系统产品。这就是纳米技术商品化的做法，也是寻求商机的过程。

纳米商品化说来简单，但并不是一蹴而就的。若是操控技术不佳，制造出的纳米级商品会沦于品质不良，唯有凭借坚强的基础技术和整合应用，才有可能克服障碍。必须建设基础科技平台，整合包括电子、机械、材料、化工、生物、光电等各项跨领域技术。平衡发展基础研究与应用研究，涵盖产业互动，才能早日完成新兴科技产业化的目标，给大众提供一个无限宽广的纳米世界。

作者简介

苏宗粲，台湾工业技术研究院院本部企划处处长兼纳米技术研发中心副主任。